轉轉上海

Shanghai stroll

林芳年、林依穎 圖文·攝影

我(Emma)

姐姐

HK

2013年，轉轉上海~

SH

HK

他談戀愛了，
所以這次由姐姐
陪我散步上海！

2011年，轉轉香港~

第二步

第三步

第四步

160　我愛老房子

第五步

178 **上海的美食與文化**

第六步

198 **你也許不知道的上海**

我其實沒有那麼喜歡上海……

我一共去過上海三次，對上海印象最好的是世博會辦得不壞，最眷戀不捨的是張愛玲的常德公寓，最喜歡的是舊時法租界的美麗靜謐，最好奇的是上海人穿著睡衣坐在路邊嗑瓜子擺龍門陣的景象。就這樣了。其他的上海走馬看花過去，人實在多，我彷彿沒有多大興趣。

Emma搬去上海，不算短的時間，不算長的距離，縱然聲聲呼喚，許下香港所沒有的美麗寬闊公寓給我無償居住，卻始終提不起勁。對香港仍是來來回回，上海行卻始終如夢。於是Emma送上手稿讓我幫忙時，我深深困擾了。這樣的我真可以寫上海旅遊書的推薦序嗎？

稿子積壓了幾日，將手上籌備的新書忙到一段落，才打起精神細看。一看就不由得順手開了電腦，一路查起稿子裡提到的建築。我雖是建築一行的門外漢，卻向來貪看。Emma這回合作的對象是從事建築業的姐姐，當然細細解說起每棟頗有特色的上海建築，外灘上但凡有門牌號碼的大樓無一錯漏，曾經走過外灘數次的我，都要驚嘆起解說的仔細與道地。

從前跟Emma合著的《轉轉香港》一書，是日常的巷弄風情，講究的是市井之間的迷人趣味，讓人就算在迷路之間也能「柳暗花明又一村」。而上海因為底蘊豐厚，要寫成專門旅遊書是更難下手，哪怕分區介紹也好、歷史區分也罷，怎麼看都難免雜亂無章。市面上的

上海旅遊書看過不少，都因此不脫凌亂。但Emma與姐姐的合作卻別樹一格、去蕪存菁，為這團豐富的亂麻理出一個清楚輪廓。以建築為骨，名人風華為血肉，小店咖啡館美味佳餚為點綴，歷史經典為趣味，捏出一個條理分明的大上海來，要看杜月笙？有。要知道好吃小店？有。要知道外來的咖啡文化？當然也沒問題。而且讀來居然很有邏輯系統，每個章節後添加旅行中的對話更讓人會心一笑，姐妹之間的嬉笑打鬧讓文字充滿情緒。居然無法釋手直到讀畢。

　　於我而言總在深濃霧中的上海，總算褪去因張愛玲而強加上的珠灰泛黃，畫上一筆屬於Emma的明豔摩登顏色。對於那十里洋場，又開始動心起來。

　　下一站去上海看看也許不錯？我想。或許那裡不僅僅是新天地和南翔小籠包，不僅僅是如雷喇叭和洶湧人潮，那強烈競爭的現代都市之下，還隱藏了些別的、值得一探究竟的。如果可以，我也想去中山公園看看相親角（真有人在那裡幫子女安排終生大事嗎），去走走石庫門，重新認識外灘上的棟棟老建築，再到靜安寺喝杯咖啡歇歇腳。

　　不過Emma已經又搬回香港了，錯失良機的我，這回要去找誰蹭飯蹭鋪呢？真是傷腦筋。

陳彧馨

八年後，再相遇

近年來，在中國，上海有個特別的暱稱，叫做「魔都」。

望著一棟棟精雕細琢的外灘建築，處於摩天大樓林立的陸家嘴中，特別是夜幕低垂，霓虹燈光點綴，那種帶點紙醉金迷、奢華迷離的氛圍，確實能感受到上海那種讓人著魔的魅力。

2002年初次拜訪上海時，真的從未想過會在這個城市居住。當時的我剛從研究所畢業，與友人倉促成行的三天兩夜之旅，記憶中的上海，印象最深刻的就是穿梭於馬路上的腳踏車，以及密密麻麻的行人；而那時的陸家嘴還是一片空曠，只有東方明珠孤獨地矗立在浦東。八年後，隨著先生轉換工作，我再次與上海相遇，記憶中的上海有了很大的變化，也蛻變得越加迷人。

有人說，對於上海，不是喜歡就是討厭！我想，我是屬於喜歡的一派。相比新上海讓人目不暇給的奢華，我更愛舊上海的那種充滿歷史底蘊的氣氛。漫步於這座城市當中，時而看看舊時弄堂的歷史痕跡；時而尋訪歷史名人的故居；時而穿梭在蓊蓊鬱鬱的梧桐樹下；或是靜坐在街旁一角的咖啡館，嘆咖啡，品上海。對我而言，體驗上海的方式，可以是高調或是低調的；也可以是靜態或是動態的。

繼上次與好友結伴「轉轉香港」，這次很高興能跟熱愛旅遊的姐姐合作，一同陪大家「轉轉上海」，看點不一樣的上海。也許，就從此刻起，你也會跟我們一樣愛上這座新舊融合的美麗城市。那麼，出發囉！

在不同的風景中找尋熱情

　　在我的童年記憶裡，每年爸媽至少會帶我們四姐妹出外旅遊一次，雖然只是國內兩天一夜的小旅行，卻總是充滿了期待和快樂的回憶，如今我都結婚了，也當媽媽了，但對旅行那種莫名的嚮往和熱情卻不曾減少過。無論是生活中遇到瓶頸想轉換心情，或是單純想要休息充電，旅行一向都是我的首選，讓我可以在不同的風景中找回對生活的熱情。

　　和芳年一起旅行是件愉快的事，她會細心挑選合適的路線和景點，吃吃喝喝更是不能少的行程，完全不需擔心會無趣或餓著了，自從她從香港風塵僕僕搬到上海，我和親友也開始密集拜訪這顆眾所矚目的東方明珠，隨著我們每次的貼近和探索，這座美麗的慾望城市也漸漸展現出樸實沉著的另一種深度，令人更加難以抗拒。這個奢華城市見證了無數夢想的開始，也看盡了人世的滄桑，在這裡，傳奇人物的故事與市井小民的生活每天都在上映，無論經過多少時光，過去和現在總是悄悄重疊在這個時空裡，讓拜訪的人沉醉不已。

　　可以一起旅行的伙伴是很難找的，我很幸運除了芳年，還有從學生時代就一直陪著我的謝少爺，如今又多了個可愛的小姑娘作伴，雖然旅途中多了很多未知的變數，但也越來越有趣了。

　　我想，我不會停止旅行。

老上海的流金歲月

19 世紀的上海風起雲湧，讓這個中國商港完全蛻變為國際焦點，西方的新思維衝擊著東方的舊觀念，激盪出燦爛的火花，也造就了老上海充滿傳奇色彩的歷史。在這個寫滿故事的城市裡，怎麼逛才能不虛此行，怎麼走才能看見她的全貌，且隨著我和Emma的文字與圖畫重新認識這絢麗的萬象之都。

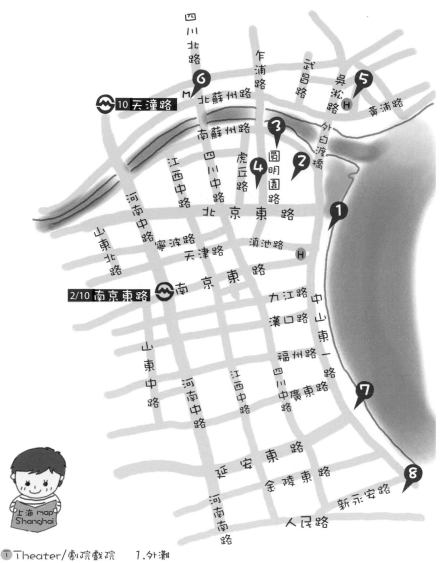

T Theater/劇院戲院
H Hotel/飯店
S School/學校
M Museum/博物館
MTR/地鐵站

1. 外灘
2. 外灘源33
3. 新天安堂
4. 安培洋行(慧公館)
5. 上海大廈
6. 上海郵政博物館
7. 外灘歷史陳列館
　 (原外灘氣象信號台)
8. Yawaragi on the Bund

轉轉上海
Shanghai strolling

壹 外灘朝聖

　　百餘年來，外灘一直被視為上海的象徵，也是整個上海開發的起點，全長約1.5公里，北起外白渡橋，南至金陵東路，自從1844年被劃為英國租界後，外國洋行、銀行開始大量進駐，不僅促使上海成為現今中國大陸的金融中心，也深刻的影響外灘的建築景觀。而這裡由兩岸燈火交織出來的迷人夜景，更是令人目眩神迷，所以外灘是上海絕對不能錯過的景點之一，沒有到這裡好好走上一圈，很難說服別人你來過上海，所以還是得來朝聖。

　　熱鬧的外灘似乎隨時都是人潮，來自大陸各地和世界各國的遊客都聚集在此處，好像民族博覽會。這裡，除了可以到大家熟悉的和平飯店聽聽老爵士，也可以在岸邊眺望黃浦江對面（浦東）的陸家嘴金融中心，感受新舊建築所營造出來的上海新風貌。

萬國建築群

外灘是一條美麗的曲線，沿著它所興建的建築群被稱為「萬國建築博覽群」，這些涵蓋哥德式、羅馬式、巴洛克式、中西合併式，風格迴異的折衷主義建築一幢幢比鄰而建，每棟建築都優雅地展現自己的獨一無二，但卻又合群地表現出建築群的協調融合。如果你也像我們一樣對建築物有某種程度的迷戀，一定不能錯過這裡的各國特色建築，彷彿是個小小世界建築展的縮影，當杜月笙縱橫上海十里洋場時，這些美麗的建築就已經優雅地矗立在此處直到現在，如今過往繁華已成雲煙，當時留下的建築依然屹立在外灘一角，見證歷史華麗卻憂傷的一頁。

萬國建築群是外灘的一大特色，也讓許多人慕名而來，為了讓大家更瞭解這些建築的歷史，所以政府當局委託專家學者為特色建築重寫銘牌，再懸掛於建築物上作為身分證。但也由於這些建築名稱和使用者常會有異動，可是相對的門牌卻甚少改變，因此上海市民習慣用門牌號碼來稱呼這些大樓，如中國通商銀行大樓，又叫「中山東一路6號」或「外灘6號」，就算沒有旅遊指南，也可以依門牌號碼一幢沿著一幢慢慢欣賞。

外灘建築之旅開課了！

現在，一起沿著外灘建築群地圖開始視覺與心靈的散步吧！

在欣賞美麗建築的同時，也傾聽這些百年建築訴說自己的故事，因為一幢樓就是

一部百年滄桑史，也許承載不了歷史的沉重，卻足以見證歷史的輝煌與無奈呢！

外灘集錦

外灘1號

中山東一路1號，1916年興建完成的7層折衷主義建築，整體上偏新古典主義風格，原名亞細亞大樓，現為中國太平洋保險公司，建築物正面有四根古希臘愛奧尼柱式圓柱，入口處則設計成巴洛克風格裝飾。

外灘2號

中山東一路2號，1910年正式啟用的上海總會大樓，其白色外牆在建築群中相當搶眼，原本是英僑在上海一個重要的奢華社交場所，有號稱中國最長的大理石酒吧台（34公尺），1971年改為東風飯店，現在則是華爾道夫酒店。這裡也是肯德基1989年首次進軍上海的據點，據說當時盛況空前，為肯德基敲開了在中國的廣大市場，不過中國第一家肯德基是1987年開設於北京的前門，別弄錯喔！除此之外，大樓使用的別致三角電梯是由西門子公司所

製造，距今也有百年歷史，電影《2046》中未來車站的場景也是選在有「東洋倫敦」之稱的東風飯店大堂裡，劇中王菲就是從這裡搭車前往2046年。

外灘萬國建築群
標示的號碼是門號！

數字標示代表門號

1.中國太平洋保險公司
　(原亞細亞大樓)
2.華爾道夫酒店
　(原上海總會大樓)
3.外灘3號
　(原有利大樓)
5.華夏銀行
　(原日清大樓)
6.元芳大樓
　(原中國通商銀行)
7.盤谷銀行
　(原大北電報公司)
9.外灘9號
　(原輪船招商總局)

12.上海浦東發展銀行
　　(原匯豐銀行)
13.海關大樓
　　(原江海北關)
14.上海市總工會
　　(原交通銀行)
15.中國外匯交易中心
　　(原華俄道勝銀行)
16.招商銀行
　　(原台灣銀行)
17.友邦大廈
　　(原字林西報大樓)
18.外灘18號
　　(原麥加利銀行)

19.和平飯店南樓
　　(原匯中飯店)
20.和平飯店北樓
　　(原沙遜大廈)
23.中國銀行
　　(原德國總會大樓)
24.中國工商銀行
　　(原橫濱正金銀行)
26.中國農業銀行
　　(原揚子江保險公司)
27.上海外貿大樓
　　(原怡和洋行)
28.上海廣電集團
　　(怡泰大樓)
29.中國光大銀行
　　(原法國東方匯理銀行)

外灘3號

　　有利大樓，建於1916年，仿文藝復興建築風格的6層樓建築，是上海第一棟鋼骨結構設計的建築，2004年改建為高級消費購物中心「Three On The Bound」，集藝術、時尚、美食於一身。這裡有許多頂級餐廳、藝廊、精品專櫃等，也是中國第一家Giorgio Armani旗艦店進駐的商場，有興趣的朋友來到這裡不妨順道進去繞繞，感受一下古典與時尚的融合。

外灘5號

　　由著名的日資航運企業日清汽船株式會社合資興建，故稱日清大樓，1925年完工的

哥德式建築，在萬國建築群中算是年輕一輩，雖然沒有3號及6號來得搶眼，但建築物本身有許多精緻的細部設計，隨著歲月增長反而更添韻味，歷經80多年的鑄鐵雕花大門，不僅沒有失去光彩，反而更有華麗復古的味道。這裡曾被海運局使用，所以也有人稱為海運大樓，後來華夏銀行進駐，但在2006年已改建為餐廳，目前一樓有精品家具店。

外灘6號

中國通商銀行大樓，中國通商銀行是中國人所創辦的第一家銀行，1897年由盛宣懷發起成立，1906年時曾翻建，建築風格為仿哥德式市政廳式樣，頂部有一排尖頂是她的特色，現在有許多餐廳進駐開店。

外灘9號

招商局大樓，又名旗昌洋行大樓，是一幢磚木結構的3層雅致小樓房，外觀仿文藝復興式樣，底層為石砌外牆和拱形門窗，上面兩層是清水紅磚牆，有雙柱外廊。1846 年美國資本企業旗昌洋行將總部遷至此處，但1877年又將輪船公司連同大樓賣給中國官商合辦企業輪船招商局，所以中國人有了自己的輪船公司，並於1901年重建該樓，後來成為招商局上海分公司，現在這裡已成為台灣品牌服飾——夏姿上海旗艦店。

外灘12號

　　匯豐銀行大樓，現為上海浦東發展銀行，建於1923年，和外灘13號是同一建築師所設計，外觀屬於新古典主義，上段為仿古希臘穹頂設計，是遠東最大的銀行建築，也是世界上第二大銀行建築，僅次於英國的蘇格蘭銀行大樓，至今依然被公認為是外灘建築群中最漂亮的建築。

　　匯豐銀行大樓不僅外觀雄偉，其內部設計更是華麗壯觀得令人嘆為觀止，挑高10米的天花八角形門廳，頂端有八幅馬賽克鑲嵌製作而成的大型壁畫，以匯豐設有分行

的八座城市為主題，其中代表上海的圖案背景是外灘，主體為中國航海保護神天妃和象徵長江、東海的神話人物，下次造訪時，不妨抬頭仔細看看喔！穹頂上另有黃道十二宮，以及太陽神、月神的天頂畫，真的很有氣勢，如果不說這是銀行，還會錯覺來到美術館或博物館呢！不過這些美

Follow me!

麗的壁畫曾遭到塗料覆蓋，1997年整修時才得以重見天日，我們也才能欣賞到這麼棒的作品。

　　大樓興建時，基於風水考慮，向英國訂購了兩尊青銅獅，安放於大樓正門前，作為鎮獸，分別以匯豐銀行總裁A.G.Stephen及上海總裁G.H.Stitt命名，不過現在大樓前的兩尊青銅獅已經不是原來那兩尊了，而是由上海浦東發展銀行重新出資仿照鑄造，原有的在1980年代已轉交上海博物館，至於原因，就和壁畫一樣，又是一段歷史往事了。Emma的上本旅遊書《轉轉香港》中曾介紹香港匯豐總行的銅獅，就是以上海原有的銅獅為藍本所鑄造而成，所謂人不親土親，所以曾居住在香港的Emma對這大樓特別有好感。

我：你為什麼一直摸著銅獅，有特殊意義嗎？
Emma：沒有，只是有種親切感。
我：可是，後面好像開始有人排隊要摸呢？
Emma：唉！觀光客！

外灘13號

　　海關大樓，現為上海海關，百年來這塊土地上雖有著不同時期的建築，但都扮演著海關的角色，現在的海關大樓於1927年落成，其最著名的是頂部設計3層高的鐘樓及大鐘，是一組調音和諧的鳴鐘裝置，號稱亞洲第一大鐘。而且海關大樓是外灘建築群中最氣派的大樓，與隔壁匯豐大樓都是由威爾遜設計，所以兩棟建築物不僅外觀協調，連建築風格也統一，故被稱為姐妹樓。海關大樓的大鐘由英國設計製造，1927年

由倫敦運至上海，原包裝木箱連同大鐘約6噸多，當時吊運大鐘到高約72米多鐘樓的景象堪稱奇觀，1928年1月1日凌晨1點，海關大鐘敲響了第一聲鐘聲。

外灘18號

　　麥加利銀行大樓，建於1923年，文藝復興時期折衷主義風格建築，底層的花崗石塑造出氣勢雄偉的感覺，第二層則由巴洛克粗大石柱支撐，營造出層次變化。這棟大樓在蛻變為精品大樓之前，因年久失修，損毀嚴重，幾乎不敷使用，三位來自台灣的女性承租後重新整修規劃，2004年以Bound 18重新開幕，引起極大迴響，也成功將麥加利銀行大樓轉型為精品大樓。如果你是老饕，又是米其林粉絲，一定不能錯過6樓的Sens & Bund，那裡由米其林三星級主廚兄弟坐鎮掌廚，但相對的價格也超乎想像。若不喜歡西式料理，還有頂級的粵菜餐廳「灘外樓」可選擇，當然一樣價格不菲，如果錢包預算足夠，可以考慮犒賞自己一下。

外灘19號

　　原匯中飯店，於1908年建成，現為和平飯店南樓，紅磚腰線搭配白色磚牆，仿文藝復興時期的建築，外觀莊重、對稱典雅，這裡曾是當代最豪華的飯店，擁有上海第一座屋頂花園。1909年中英美法曾在

這裡的匯中廳召開萬國禁煙會；1911年孫中山先生赴南京就任中華民國臨時大總統，途經上海出席各界在匯中廳舉行的歡迎大會，提出了「革命尚未成功，同志仍需努力」的著名口號。

外灘20號

原沙遜大廈，今和平飯店北樓，建於1929年，花崗石塊外觀，大堂內大理石地面搭配古銅鏤花吊燈及彩繪玻璃窗，處處營造出富麗堂皇的奢華，有遠東第一樓之美稱。這裡接待過許多政商名流、各國領袖，從古至今，穩坐上海世界級的經典酒店寶座。和平飯店最為人津津樂道的還有「老年爵士樂團」，由六位年齡已逾七十的老樂手組成，是上海最具盛名的爵士樂團之一，每年吸引不少慕名而來的觀光客，儼然成為另類的上海傳奇。

外灘27號

怡和洋行大樓，現為外貿總公司，建於1922年，英資怡和洋行是首批經商上海的外商之一，並曾是上海規模最大的洋行，經營進出口貿易、長江和沿海航運、怡和紗廠、怡和絲廠等眾多業務，號稱洋行之王。該大樓初期只是一幢殖民地式樣的2層磚木結構樓房，在1922年翻修成現在6層的花崗岩大樓，文藝復興風格的建築，外牆上有許多精細雅致的雕花點綴，可以細細品味當時的工匠手藝。不過1949年後怡和資金漸漸撤出上海，自1955年後由上海市外貿局使用至今。

　　想要仔細品味外灘建築，可能得要撥出一天的時間，但從哪裡開始呢？我們的建議有三種：第一，如果你有情有獨鍾的建築，非看不可，就從那裡開始吧！這樣才不會有遺憾。如果沒有，第二，不妨以外灘南端的外灘天文台作為起點，再沿著中山東一路慢慢往北散步。或是第三，就按著門牌編號開始吧！

外灘天文台

　　正式名稱為外灘信號台，是1884年法國人創辦的徐家匯天文台在外灘江口所設立氣象信號台，根據天文台傳來的氣象信息，為往來船隻懸掛氣象信號旗幟，當時的信號台僅是直豎地上的一根長木杆，1907年法國人才建造了現在圓柱形的氣象信號台。天文台整體而言為

夏天的觀光巴士上層是很熱的喔！

夏天別搭上層巴士，熱！

簡式洛可可風格，是一棟長型小巧的2層樓建築；現在1樓已改為外灘歷史陳列室，陳列許多珍貴的圖片和資料，想多瞭解外灘的歷史，可以來這裡研究一番；2樓則為咖

啡館，坐在這裡可以欣賞最全面的外灘
建築喔！

Info

★外灘天文台
地址：中山東二路1號甲

若有時間，還可以到附近的豫園老
街走走，或是城隍廟拜拜，這裡的香火
非常鼎盛，只是在上海參拜廟宇通常得
先購買門票才可以進入，相形之下，在
台灣拜拜真的親民多了。

城隍廟

外灘的美味時光

外灘除了是品味上海的超級觀光景點，若想在外灘古色古香的建築中用餐，品味老上海的優雅，用餐的預算可能要抓高一點。Emma建議可以選擇非假日的午餐或下午茶時間用餐，雖然少了點夜晚的浪漫，但價格也相對的便宜很多，依大陸人的說法，就是「性價比」比較高喔！我們通常會早餐吃飽一點，下午兩點後再去喜歡的店喝個下午茶，既避開用餐人潮，也可以節省一點餐費。

走！一起探訪城隍廟！

Yawaragi on the Bund

位在中山東二路的Yawaragi on the Bund，低調的隱身在外灘邊一棟紅磚建築

餐廳建築內

裡，雖然這是一間日本料理店，不過卻以米其林星級師傅所製作的手工蛋糕聞名，要享受美味又不想荷包失血，可以選擇中午套餐比較划算，餐後記得來塊蛋糕喔！

茉莉酒吧下午茶（和平飯店）

　　和平飯店最為人熟知的應該是老爵士樂演奏，但除了爵士樂，這裡還有許多知名餐廳，其中大堂的茉莉酒吧，無論是裝潢、菜單設計均融合了東西方元素，這裡的下午茶是屬於傳統英式午茶，糕點一一精心擺放於分層點心架上，樣式、數量多，喝口茶，品嘗糕點，真是超級享受。其中Emma最喜歡的是類似蛋沙拉的小漢堡，輕柔的音樂搭配天鵝絨家具所營造出來的復古氛圍，很適合和知心好友窩著聊一下午。

Emma：其實來上海可以辦張Shanghai Wow VIP Card，會有不定期的活動，上次來這裡剛好碰到午茶買一送一，很划算喔！
我：不是上海人也可以辦嗎？
Emma：當然可以，只要上網登錄就行了。

info

★Yawaragi on the Bund
地址：黃浦區中山東二路22號3樓301
電話：021-6301-5919
★茉莉酒吧
地址：和平飯店1樓
★外灘觀光隧道
地址：浦東緊鄰東方明珠，浦西在中山東一路300
　　　號，陳毅廣場附近

外灘觀光隧道

全長646.7公尺，是橫越黃浦江連接外灘與浦東的一條觀光隧道，隧道內營造出各種燈光效果搭配音效，運輸採用德國無人駕駛的SK銀白色全透明環保車廂，一路上隧道壁面不斷閃爍各樣光亮圖案，搭配轟隆背景聲音，讓人體驗聲光特效營造出來的超時空感覺。我覺得有點像哆啦A夢搭乘時光機的感覺，所需時間約2.5～5分鐘，票價幾乎每年都調升，目前單程車票約45 RMB，所以褒貶不一，有些人覺的花錢買幾分鐘不划算，但也有人覺得是種新體驗，見仁見智的問題囉！

外灘後花園

欣賞過外灘的華麗，不妨轉個彎往外白渡橋方向繼續散步，這裡的建築景觀雖沒有中山東一路「萬國建築群」來得壯觀，但反而有種遠離喧囂的寧靜感。這裡以前被稱為外灘半島，現在依然保留了許多上個世紀的老洋房，其中有洋行、公寓、教堂、博物館、領事館等特色建築。

外灘源

外灘源33，建於1849年，大致指黃浦江與蘇州河交匯處，北靠蘇州河，

南臨半島酒店，東起中山東一路，西至圓明園路，總面積約27,770平方米，其中綠地就占了22,250平方米。區域內包括：原英國駐滬總領事館（1號樓）、原英國駐滬總領事館官邸（2號樓）、原教會公寓（3號樓）、原新天安堂（4號樓），以及原划船俱樂部等五幢建築，是全國重點文物保護單位，也是「上海外灘建築群」的重要組成部分。

原為英國駐滬總領事館的1號樓，不僅是外灘地區唯一擁有較大規模花園綠地的建築，也是外灘地區現存最早的建築，典型文藝復興風格建築，方形外觀、列柱式陽台、紅白磚牆，再搭配屋前精心維護

的古典英式花園，看那一大片綠油油的草地，不難想像當時英國在上海的政商優勢。當我們輕鬆的漫步在這花園綠地間，不禁有種世事無常的感慨，畢竟百年前，這裡可不是我們尋常百姓可以隨便進入的地方。

翻新後的新天安堂，又名聯合禮拜堂，是一幢青磚和紅磚相間的美麗建築，遠遠望過去就像精緻

教堂對街的小房子

的模型屋。它也是外灘源唯一沒有改建或重建的建築遺跡，而是將教堂部件一一拆卸，再按測繪圖補上所缺部件，然後重新安裝，保留了百年前的原汁原味，現在是上海新人拍婚紗照的熱門景點之一。

　　穿過外灘源33，來到圓明園路時，有種時空交錯的感覺。這裡經過開發商的城市改造計畫，適當的抹去了老樓房的歷史塵埃，再重新修補了破損的歷史建築，並將整條路規劃成小石塊路面的步行街，兩旁的建築物散發著濃濃的歐洲味，駐足在這裡的瞬間，會有種置身在歐洲街頭的錯覺，而且這條路車輛不准進入，所以是非常適合散步的小路，和新天安堂一樣，常看到新人在此取景拍婚紗照。

　　位在圓明園路的餐廳慧公館，一共有四間分店，分別位於巨鹿路、思南公館、南外灘及圓明園路，四家店都樓身在上海老洋房中，各具特色，我們要介紹的是圓明園路上、安培洋行的慧公館。這裡有著古樸的紅磚牆，外牆延伸進去，大門內是朱紅色的牆和木製樓梯，原封不動的中國紅牆面、水晶吊燈、古董家具等流露著濃濃老上海風情，餐廳內簡單的歐風設計，營造舒適的用餐空間，菜色以粵菜及上海本幫菜為主，可以參考餐廳所搭配好的套餐組合，一般有冷盤、湯品、主菜

等，再配上十樣精緻上海點心，而且點心可以續點，所以能吃的人有福了，點心中我們推薦揚州油糕及杏仁白玉，當天光是油糕，我們就續點了三次。慧公館的價格不低，而且每家店的套餐價格略有不同，可以四家比較一下。

Emma：這裡的點心是吃到飽喔！
我：那我可以只點點心嗎？
Emma：當然不行！吃到飽還得了！

有別於圓明園路的外國味，虎丘路則忠實呈現出上海市井小民的生活寫照，附近還有一條小小的香港路，因為Emma在香港住過一段時間，所以對這條小路特別感興趣，聽說還有條台灣路，可是我們逛了好幾次始終沒看到，倒也沒有什麼特別景色，只是人在外地總會想找些和故鄉有關的事物吧！

若你對現代藝術有興趣，可以順道走到外灘源美術館感染一下文藝氣息，這裡於2010年5月正式開館，由亞洲文會大樓改建而成，建築外觀古樸簡潔，內部設計則呈現強烈的現代感，是上海大型藝術展覽和講座舉辦的場所。如果逛完這個區域遊興仍高昂，不妨過河走到乍浦路，可以到虹口區體驗一下老上海的街景。

外灘附近的高檔餐廳及市民小吃雲集，不過要特別介紹黃浦公園內的厲家菜，老店在北京，2006年才到上海開分店，餐廳主要賣點是正宗宮廷菜及傳奇故事。厲家祖先曾是清朝慈禧太后的御用主廚，但最讓人津津樂道的是，1984年全國烹飪大賽，厲家人通過筆試，並在兩小時內做出十四道菜外加一道點心，得了第一名，因而聲名大噪，後來又逐漸成為接待外賓的宴客菜而揚名國際，這麼有來頭，價格當然也不便宜。不過要特別注意是，餐廳裡只提供套餐，不接受點菜。

Info

★外灘源33
地址：黃浦區中山東一路33號
★外灘源美術館
地址：黃浦區虎丘路20號
★慧公館外灘店
地址：黃浦區圓明園路97號安培大樓3-4樓
電話：400-820-2028
★厲家菜
地址：黃浦區中山東一路500號黃浦公園1樓
電話：021-5308-8071

蘇州河畔

從外白渡橋跨越蘇州河，另一頭聳立的是鼎鼎大名的上海大廈，原名百老匯大廈，1934年由英商所建，總共21層樓高，是上海早期地標，也是一家五星級商務飯店，據說它曾接待過七十多國元首。

沿著蘇州河畔散步，一眼遠望去即可看到上海郵政總局大樓的綠色尖塔鐘樓，目前，上海郵政總局大樓內除了有四川路橋郵政支局，還有上海郵政博物館，眼尖的朋友應該會發現這裡是電影《聽風者》裡，周迅去取信的場景喔！其實我很喜歡郵局

特有的味道，感覺每一個戳記都代表了寄送人的期待和接收人的喜悅。

上海郵政博物館主要由2層展廳、樓頂花園、1層中庭實物模型展區、大清郵政局場景及「未來郵政」環幕影廳組成，跟著標示繞過二樓的營業區就是博物館入口，展場內除了詳細說明郵政發展的演進，還模擬重現大清郵政局的場景，彷彿經歷了一場郵政的時光之旅。參觀完博物館，在中庭有個漂亮的透明電梯，本來可以搭電梯上5樓的花園俯瞰黃浦江，可是我們去的那天，工作人員說今天不開放，問他原因只說不能上去，其實在大陸旅遊有時真得碰運氣，因為他們有些規則很隨興。Emma說，在頂樓可以更近距離的觀看頂樓尖塔上的雕像，除了傳遞愛情的愛神，還有其他跟郵政有關的雕像，比起現代的建築只講究設計感，舊時代的建築似乎多了點含蓄的內涵。結束郵政之旅前，別忘了順便寄封信給家人或朋友，如果逛累了想歇歇腳，喜歡飲茶的朋友可以到旁邊的上海早晨餐廳坐坐，休息一下再出發。

造型奇特的膠水!

漿糊的別名?! 糊精

天花板的雕紋好像奶油

Info

★上海大廈
地址：虹口區北蘇州路20號
★上海郵政博物館
地址：虹口區北蘇州路250號
備註：參觀免費

上海郵政總局上的雕像

　　上海郵政總局大樓最引人注目的，就是巴洛克式的鐘樓和塔樓，塔樓兩旁則各有一對希臘人物雕塑群像，其中朝南的雕像群中，中間位置是希臘神話中的通信之神——赫爾墨斯，兩旁則是愛神厄洛斯與阿佛洛狄忒，取寓意為郵政是人們溝通情感的樞紐；朝東則是三位手持火車頭、輪船、電信電纜的雕像，代表中國的交通、通訊等正要起步。不過塑像的原件在文革期間被毀壞了，所幸被毀之前，由一位美術學校的學生用石膏偷翻了模子，當文革結束以後，在郵政總局大樓翻修過程中，根據這對石膏模子，重新鑄造成和原件一樣的複製品，也就是今天依舊設立在塔樓兩側的銅像，多虧了他，現在的我們才有機會能欣賞這些美麗又深具意義的雕像。

Shanghai strolling

上海是個有歷史的城市，有歷史就會有故事，城市裡寫滿人和
人之間因愛恨情仇所交織而成的故事，所以上海名人故居之
多，也許是中國各大城市之最，讓我們走進城市，探訪這些名
噪一時的人物故居，傾聽他們的故事，更深入瞭解這個城市的
流金歲月。

遇見國父・上海

香山路上的孫中山故居

孫中山故居前的美麗道路——思南路，原名馬斯南路，為了紀念法國音
樂家Massenet所命名，曾是法租界的思南路是一條林蔭蓊鬱的綠色馬路，兩旁
種滿了法國梧桐樹，而隱藏在枝葉婆娑的法國梧桐後面是舊時的歐式花園洋
房，不知道半世紀前這裡面住的是否都是叱吒風雲的達官貴人，幽靜的思南

淮海中路
重慶南路
南昌路
皇蘭路
香山路
復興公園
③
①
新天地
復興中路
⑦
復興中路
瑞金二路
④
思南路
重慶南路
⑤
⑧
⑥
建國東路
永嘉路
8號橋
創意園區
紹興路
建國中路
田子坊
泰康路
步高里
建國西路
🅜 ⑨ 打浦橋

T Theater/劇院戲院
H Hotel/飯店
S School/學校
M Museum/博物館
🅜 MTR/地鐵站

1.孫中山故居
2.古董花園咖啡館
3.張學良故居
4.思南公館
5.周恩來故居
6.梅蘭芳故居
7.重慶公寓
8.黑石公寓與克萊門公寓
　（可參考宋氏王朝地圖）

　　路禁止公車通行，少了些喧囂，更顯清靜。夏日的思南路上，梧桐、洋房、陽光營造
出一股溫暖安逸的氛圍，綠意盎然的樹蔭則添了些涼爽氣息。

　　香山路原名為莫利愛路，國父故居就位在思南路和香山路交叉口，這裡是國父
1918～1925年在上海期間的寓所，並在此完成了《孫文學說》、《實業計畫》。據說
這裡是旅居加拿大的華僑為了支援國父的革命活動，集資買下捐贈給他，宋慶齡女士

國父故居，
幽靜的小洋房！

於抗戰勝利後，將此寓所轉贈國民政府，作為孫中山的永久紀念地，
讓後人可以來此瞻仰緬懷這位革命先驅。

　　香山故居是幢2層樓的花園洋房，灰色卵石外牆搭配淺紅色雞
心瓦屋頂，屋裡擺飾仍保留了當年的原貌，簡單的布置風格，文物
館收藏了很多當初革命時期和成立民國時候的文獻，也包括和黨員
的往來書信、私人物品等，而且展覽館不斷播放國父當年演講時的
錄音，除了讓人有種時空交錯的不真實感覺，也深刻瞭解國父並不只
是歷史課本上的傳奇，參觀完這裡等於快速複習了一課近代史。不過
屋內不能拍照，而且為了保持清
潔還得穿上鞋套，避免弄
髒珍貴的文物。

國父故居中的
特色鳥屋！

精緻的門票！

Info
★孫中山故居
地址：香山路7號
時間：09:30～16:30
備註：需購票

古董花園咖啡店

拜訪完國父故居，如果想讓心情沉澱一下，不妨走到斜對面的古董花園坐坐，這家店就像歐洲街角的小咖啡店，店裡除了擺滿貨真價實的古董精品，牆面上也用了許多老明信片點綴。這裡每個座位擺設都不一樣，因此可以挑選喜歡的位子坐，花園就在屋後，小巧可愛，角落有個小牌子寫著「孫中山曾在此居住」，不知是不是真的，特別的是廁所就位在花園旁，在此上廁所感覺真的很不錯，有空不妨來體驗一下。據說這裡原本只是老闆用來陳列家具，也不知道為什麼，久而久之就變成咖啡店了，店內的家具如果喜歡都可以訂製，但價格不便宜喔！Emma很推薦這裡的三明治，胃口小的人可以當成brunch喔！

Info
★古董花園
地址：香山路44號甲

名人・洋房
多情少帥，張學良

思南路一帶可說是地靈人傑、名人雲集之地，從香山路的孫中山故居作為起點，可以就近前往皋蘭路的張學良故居。張學良在上海曾有三處住所，但唯有這裡是他和趙四小姐曾經一起生活過的寓所，這一幢3層樓的西班牙式花園洋房，乳白色外牆搭紅瓦，雖然外觀已不復當年，但也許因為張學良和趙四小姐之間轟轟烈烈的禁忌愛

情，讓這洋房多了點神祕色彩吧！這裡現在屬於私人住宅，所以不開放參觀，不過門口外牆上仍有標示牌介紹。

超貴氣的思南公館

前往周恩來故居途中，會在復興中路口遇見仿古花園洋樓思南公館，這裡是歷經十年改建整修才公開的歐洲風格花園洋房，仿新天地的模式，整體開發後再規劃商店、餐廳、咖啡館、藝廊，以及一夜千金的高級別墅酒店。有別於新天地裡尋常百姓的「石庫門」建築，思南公館就像權貴之家的房子，或許是為了營造門禁森嚴的高貴感，這裡的警衛真的超多。雖然總覺得思南公館有種官宦人家的貴氣，但不可否認整體感覺很不錯，坐在這裡，點杯咖啡，感受一下舊味道的新變化，也是體驗上海的一種方式！

思南公館！

周公館

周恩來故居

經過思南公館，不遠處即是周恩來故居，爬滿藤蔓的三層樓洋房，稍不注意就會錯過，這也是幢西班牙式獨立建築，紅窗框配紅瓦，這裡的人習慣稱呼為「周公館」。寓所之前的家具都已不復存在，所以屋內陳設是根據周恩來妻子鄧穎超的回憶，按照原貌回復當年情況布置，屋內家具擺設都非常簡單，少了些家的感覺，反而像是辦公室或宿舍之類的辦事處，不難想像這位政治人物個性之簡樸拘謹。

梅派掌門人，梅蘭芳

梅蘭芳故居就在周公館旁，被稱為「梅華詩屋」，梅蘭芳在這裡居住期間正是抗日時期，排演了《抗金兵》、《生死恨》等戲，來激勵國人的抗日熱情。出生於北京梨園世家的梅蘭芳，是舉世聞名的中國戲曲大師，並創造了獨特表演風格──梅派，更是四大名旦之首，其中最為人熟知的《霸王別姬》就是梅派劇目，梅大師藝術造詣過人，私人情史也不遑多讓，而他與孟小冬、杜月笙的感情糾葛，更是市井小民茶餘飯後的八卦話題。

宋慶齡故居

宋慶齡故居離思南路比較遠，位在淮海中路，是一幢紅頂白瓦的船型德式建築，從1948年起成為宋慶齡的寓所，整個院落占地約一千多坪，環境幽雅寧靜，屋內布置

簡潔高雅。這裡是宋慶齡生前生活和從事國務活動的重要場所，所以主屋內有其生平的簡介和說明，令我印象深刻的是別館的版畫收藏展覽，每幅畫都刻工精細寫實，甚至連皺紋都清晰可見，不過畫作大多是跟戰爭、革命相關的題材，充滿了痛苦無助和絕望，看了心情不覺沉重起來。現在憑國父故居的門票票根購買宋慶齡故居門票有5折優惠，如果有興趣參觀兩處故居，不妨留意是否還有優惠。

宋家姐妹

宋慶齡父親宋嘉澍原為傳教士，後來從商成為實業家，長期支助革命運動，他與妻子育有六名子女，依序為宋靄齡、宋慶齡、宋子文、宋美齡、宋子良、宋子安，其中宋靄齡嫁給孔祥熙，宋慶齡嫁給孫中山、宋美齡嫁給蔣介石，三個女兒影響了近代中國的發展，實屬少見。有人說「靄齡愛錢、慶齡愛國、美齡愛權」，十二字點出了宋家三姐妹的個性和特質，對這段歷史有興趣的人，可以觀賞電影《宋家王朝》，戲裡除了講述宋家的起源，也深刻描繪出三個女人的人生觀和際遇。

名人故居之外

黑石公寓

沿著思南路慢慢走，可以一路走到田子坊，這個知名的創意文化社區是由傳統巷弄建築改造而成，人群在小小的巷弄間穿梭來去，有點像是繞著迷宮走卻又處處有驚喜。因為許多小店、餐廳、藝廊或工作室夾雜在舊巷弄間，這裡倒有種新舊融合的美感，就算只是一張斑駁的椅子配著溫熱的咖啡都很有感覺，雖然來過很多次，還是充滿新鮮感，好像隨時都會有新火花，所以來田子坊得放慢腳步，享受逛市集的樂趣，而且走累了隨處都有咖啡館或茶店可以小憩一下，關於田子坊會在本書第三步「香港之後、上海繼續散步」做更詳細介紹。

和思南路交會的復興中路，除了許多小店，也有不少知名公寓座落兩旁，像是折衷主義風格的黑石公寓，曲面造型的外觀很有特色，但因長期作為住宅使用並未得到良好的維護，灰色系的建築顯得有些滄桑感。另一棟位在復興中路巷弄內的克萊門公寓，原為比利時人克萊門和教會合建的法式公寓里弄，平面呈品字型，水泥砂漿牆面

裝飾紅磚鑲嵌圖案，雖隱身巷弄，但鮮明的色彩令人驚豔。同樣位在復興中路的重慶公寓則因為是電影《色，戒》的場景，而再度引起眾人的矚目。

許多名人故居圍繞的復興公園，已有百年歷史，也是上海保存最好的法式園林，充滿法式風情，入口處有一片灌木形成的迷宮造景，令人不禁聯想到愛麗絲夢遊仙境。可能曾是法租界的公園，所以園內的法式梧桐樹之多居上海公園之首，這個美麗的公園又稱為法國公園，因為當時只限法國僑民才能進入，也讓中國人背負「華人與狗不得進入」的屈辱，如今園內的玫瑰依然綻放盛開，但美麗已不再是特定人士所獨享了。

重慶公寓

Info
★張學良故居
地址：皋蘭路1號
★周恩來故居（周公館）
地址：思南路73號
★梅蘭芳故居
地址：思南路88號
★宋慶齡故居
地址：淮海中路1843號
★田子坊
地址：泰康路（日月光中心對面）
★8號橋創意園區
地址：建國中路8-10號
★重慶公寓
地址：重慶南路185號
★黑石公寓
地址：復興中路1331號
★克萊門公寓
地址：復興中路1363號

克萊門公寓

上海宋氏王朝

　　綠蔭濃密的東平路是上海著名的住宅區，沿路景致優雅，平時車輛稀少，是申城著名的情侶街，而且有很多近代名人都曾居住於此，路不長，名氣卻很響亮，或許是這些名人的加持，也讓東平路顯得很有氣質。

H Hotel/飯店
S School/學校
M Museum/博物館
MTR/地鐵站

1.Sasha's
2.Zen, Simplylife, Green&Safe, 天泰, 滴水洞
3.老麥咖啡館
4.La Creperie
5.白崇禧故居(仙炅軒)
6.上海工藝美術博物館
7.宋子文岳陽路故居
8.和平官邸
9.汾陽花園酒店
10.克萊門公寓(黑石公寓在附近)

上海為何又叫申城？

話說春秋戰國時代，這裡是楚國春申君黃歇的領地，他命人開拓疏濬吳淞江的支流——黃浦江（當時叫東江），後人為了紀念春申君就把東江改名為黃歇浦，春申君的申字也演變成了上海的別稱「申城」。不過上海較為人熟知的簡稱應該是「滬」，由於上海濱海及吳淞口一帶的居民多數以打魚為生，聰明的漁民發明一種竹編的捕魚工具「滬」，於是人們就將這一帶稱做滬，所以這是上海的另一個別名。

宋氏洋房

東平路一帶，很多房子都屬於宋氏家族，位在衡山路口，紅色小洋房正是宋子文的故居，現在則是 Sasha's 餐廳，在充滿英、法風的法租界建築中，這棟精巧的孟莎式屋頂住宅相當搶眼，餐廳的1樓是英式酒吧，2樓則是西餐廳，屋內還保留了當時的英式火爐。如果想要近距離親近傳說中的宋式豪宅，不妨順道到 Sasha's 喝杯下午茶，微風輕撫的季節，可以選擇坐在後花園享受悠閒的時光。

可愛的Sasha's :)

與Sasha's餐廳相鄰的9號洋房，則是蔣宋的上海舊居——愛廬，這棟有著暗紅色法式屋頂、磚木結構的洋房，是當年宋子文送給三妹宋美齡的嫁妝，除了愛廬，蔣氏夫妻另外還擁有廬山的美廬、杭州澄廬，正所謂三廬鼎立。如今愛廬已成為上海音樂學院附中的教學樓，平日謝絕參觀，唯有特定節日才會對外開放。

info

★Sasha's薩莎西餐廳
地址：東平路11號
電話：021-6474-6628
時間：周日至四11:00～13:00；周五至六11:00～14:00
★愛廬
地址：東平路9號

宋子文

宋子文為宋家長子，當年宋氏家族權大勢大，所以在上海擁有許多房產，其中宋子文最喜歡的兩棟洋房分別是，現為餐廳的東平路11號及岳陽路145號。宋子文一生和他的姐妹一樣精采，但卻也因貪污而爭議不斷，晚年他在美國舊金山用餐時誤吞雞骨而噎死，真是令人不勝唏噓。

東平路美食

散步東平路上，除了視覺的享受，味覺也會獲得滿足，因為這裡有很多美味餐廳和特色小店，其中Emma最喜歡的是ZEN（鉦藝廊），以融合傳統經典與現代設計於一體的家居生活聞名，濃濃中國風的花繪圖騰，豔麗地重現在各式各樣的作品上。店後沿著樓梯拾級而上，是帶點詩意、愜意的小咖啡廳ZEN café，不論是白天或晚上來訪都很有情調喔！

simply life
可愛熊貓娃娃！

還有特別的
烏魚子義大利麵~

　　與ZEN相鄰的simply life，品牌理念是將亞洲的傳統與西方的時尚融合成「現代中國」風格，店內陳列很多創意商品，喜歡與眾不同的人可以來這裡挑選專屬的生活用品。

　　另外，東平路的有機餐廳Green & Safe，簡單明亮卻有質感的裝潢，1樓專賣麵包、紅酒、有機蔬果和簡餐沙拉，2樓則是中式料理，特別的是店裡的有機蔬果晚上七點以後打6折喔！這家餐廳是台灣永豐餘集團旗下的永豐生技所開的餐廳，標榜有機飲食，我只吃過1樓的義大利麵和麵包，口味還滿合胃口的，Emma之後也和朋友來過幾次，我記得有一道義大利麵添加台灣的烏魚子調味，中西結合還挺對味，有機會可以來品嘗看看。

　　靠近桃江路與岳陽路交叉口，有一家專賣湖南菜的餐廳滴水洞，據說滴水洞是上海第一家湘菜館，主打毛家菜，以鮮辣聞名，而且剛聽到「滴水洞」這個店名覺得有些納悶，原來這是湖南省一個很有名的地理景觀：「龍頭山溪邊一石洞內滴水，四時不竭，回聲悠揚，其韻如琴」，滴水洞由此得名喔！如果你不愛吃辣也沒關係，隔壁

info

★ZEN 鉦藝廊
地址：東平路店 東平路7號
電話：021-6437-7390
★simply life
地址：東平路9號
★滴水洞
地址：東平路5號B座
電話：021-6415-9448

的橘屋有西式料理，天泰賣的是泰國菜，如果這些餐廳都不合你的胃口，別擔心，桃江路和岳陽路上有很多餐廳可以讓你慢慢挑選。

桃江路的法式美食與岳陽路的希臘風

　　桃江路1號的La Créperie是間法式可麗餅專賣店，素雅的白色外牆上有個大燈塔，很容易就吸引住路人的目光，店內裝潢除了沿襲外觀的簡潔，白色基底營造出海明威《老人與海》書中的氣氛，連杯盤、胡椒罐等都有燈塔圖樣，看來老闆真的很熱愛海洋風。這裡的可麗餅與我們在台灣常吃到的三角形可麗餅不太一樣，比較偏法式風格，而且餐點種類豐富，如果你的胃口夠好，可以點份set lunch，除了附贈飲料，還可以同時享用鹹、甜兩種口味的可麗餅喔！

充滿海洋風的店～
燈塔胡椒罐鹽罐！

La Créperie隔壁有間廚房用品專賣店，看到各式各樣有趣精緻的廚房器具，真有股衝動想買回家大展身手一番。其實，桃江路不長，沿街房子小巧可愛，店家也都布置得很有特色，是非常適合散步的一條小路。

與東平路、桃江路交會的岳陽路1號則是有著地中海風情的希臘餐廳(Greek Taverna)，為充滿貴氣的岳陽路增添些南歐風。岳陽路也是上海著名的住宅區，沿路許多優秀歷史建築，如宋子文故居145號，據說後來曾是「老幹部大學」的校區，很奇特的校名；319號原為法國領事館，今為中國科學院上海分院；而岳陽路北端的三角花園，自1930年代起有俄僑設立的普希金紀念碑，所以又稱普希金廣場（普希金是俄羅斯著名的文學家、最偉大的詩人及現代俄國文學的始創人）。

桃江路上造型獨特的門

Info

★La Créperie
地址：桃江路1號
電話：021-5465-9055
★宋子文岳陽路故居
地址：岳陽路145號
★Greek Taverna
地址：岳陽路1號
電話：021-6431-775

低調的汾陽路

在這區的散步路線中，汾陽路應該算是比較長的一條路，雖然它沒有衡山路的名氣，也少了桃江路的可愛，但是卻也臥虎藏龍，有許多隱藏版的驚喜。

汾陽路，舊名是畢勛路，以法國駐華公使畢勛命名。座落於汾陽路150號的白色法式花園洋房，原是白崇禧將軍的舊居，也是寫出《孽子》的白先勇童年時期居住過的地方，當初富麗堂皇的將軍公館，如今搖身變為有小白宮之稱的特色餐廳——仙炙軒。由於經營者的巧思，善用建築物的特色營造出浪漫的草坪婚宴，使這裡成了上海新人拍攝婚紗的熱門景點，每天上演著王子與公主的浪漫婚禮。

工作人員

鄰近太原路的上海工藝美術博物館，有著酷似美國白宮的外觀，這和仙炙軒有異曲同工之妙，好像觀賞完小小白宮，再看小白宮。2層樓的建築有文藝復興時期的風格，前院的一大片草坪營造出大宅的氣勢，門票只要 8 RMB，其實館內相當幽靜，反而有種參觀私人收藏的感覺。館內主要展示玉石、刺繡、剪紙、編織、陶藝彩繪等工藝作品，幸運的話還可以看到藝術家現場製作藝品的實況，看著師傅專注熱誠的神情，令人感動又敬佩。

沿著汾陽路，穿越復興西路後，可以瞥見奶油色外牆的汾陽花園酒店，花園一角的西班牙式老洋房建於1932年，出自名師鄔達克之手，也是

中國首位海關副總稅務司丁貴堂官邸，如今洋房旁重新蓋了棟酒店（汾陽花園酒店），但最吸引人的還是那有著歲月刻痕的老洋房，Emma曾經為了一睹老洋房風采，特地來此住了一晚。而我雖然無緣入住可愛的洋房，不過身歷其境，還是可以感受到它往日的光采。如果厭倦了連鎖飯店的整齊劃一，不妨來此體驗另一種住宿風格喔！除了享受汾陽路的幽靜，其實走一小段路就可以來到繁華的淮海中路，環境也是相當便利。

Who is 鄔達克？

Emma上海小學堂

鄔達克是匈牙利人，家裡是名門望族。1918年，二十五歲的鄔達克從俄國西伯利亞戰俘營逃出來，流亡來到上海，由於其才華和藝術感受力，很快成為上海當代重要建築師之一。從1918～1947年他離開上海，鄔達克至少在上海留下了三十七件建築作品，其中包括一些上海最著名的建築物，如人民廣場附近的慕爾堂、國際飯店和大光明大戲院等。雖然其中一些建築物已經消失，但是保留下來的都已列為優秀近代建築。

汾陽路上另一個隱身弄堂間的主角──和平官邸，紅色的洋樓在過去的歲月裡是身分和地位的象徵，如今則是知名餐廳，這裡每一個包廂都是以諾貝爾和平獎得主的名字命名，意為和平使者的落腳點，也是餐廳名字的由來。

info

★白崇禧故居（仙炙軒）
地址：汾陽路150號
★上海工藝美術博物館
地址：汾陽路79號
★汾陽花園酒店
地址：汾陽路45號
★和平官邸
地址：汾陽路158號、東平路16號

東平路之外

以東平路為起點，與其交會的幾條道路都是散步的好路線，每條路都有屬於自己的特色和風格。除了前面介紹過的桃江路、岳陽路、汾陽路等之外，如果從靜謐、優美的東平路，轉個彎走到熱鬧的衡山路，宛如從舊日上海走進現代的上海，白天的衡山路是寧靜高雅的綠蔭大道，但晚上搖身一變成為上海知名的酒吧街，夜晚的衡山路是曖昧多情且充滿獨特魅力的，但對我們已婚婦女而言也是遙遠的異域吧！

頗有設計風的便當攤

好吃的路邊蛋餅

1948年，蔣經國先生攜家帶眷，以上海市經濟管制督導專員的身分來到上海，打擊奸商，建立新的經濟秩序，當時稱為打老虎。而當時他及家人所居住的地方就是淮海中路（舊名林森中路）的逸村2號，這棟西班牙式建築位在巷弄間，十分清靜優雅，但現在已成為私人宅第。當我們對著房子欣賞觀望時，附近居民似乎覺得很納悶，也許對上海人而言，經國先生的記憶已隨著時間流逝了。

info

★蔣經國舊居
地址：逸村2號、淮海中路1610弄

都市中的童話屋・馬勒別墅

馬勒別墅與上海展覽中心

　　陝西南路旁，有棟外型相當奇特的高塔建築，就是有名的
馬勒別墅。外觀混合了多種典型的北歐建築風格，有挪威建築
高尖直立的屋頂，也有斯堪地那維亞的鄉村風格，據說別墅的

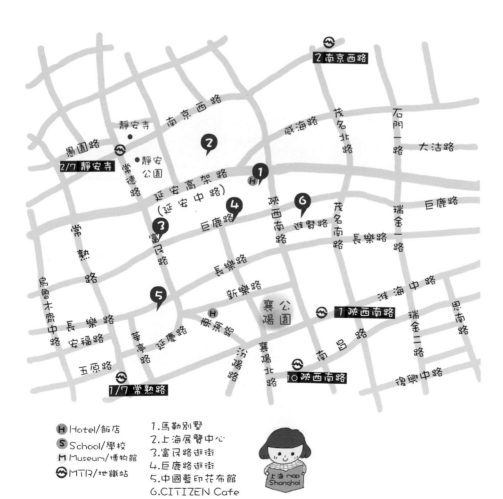

H Hotel/飯店
S School/學校
M Museum/博物館
Ⓜ MTR/地鐵站

1. 馬勒別墅
2. 上海展覽中心
3. 富民路逛街
4. 巨鹿路逛街
5. 中國藍印花布館
6. CITIZEN Cafe

藍圖，是依據當年馬勒最寵愛的小女兒夢境中的城堡樣式設計而成，從設計到1936年竣工，前後總共花費了十年時間。而且馬勒別墅室內設計也和一般洋房不同，共由六棟建築連接組成，大小共計一百零六個房間，內部結構相當複雜，尤其樓梯的構造往往讓人不知道自己在幾樓，幾乎有迷宮的感覺，果然活脫脫是夢境中蹦出來的童話城堡，也讓我聯想到倪匡的科幻小說《迷藏》。馬勒別墅1989年被列入上海市第一批優秀歷史建築，現在已改建為小型精品酒店，命名為衡山馬勒別墅飯店，想體驗中古世紀城堡的感覺，可以來這裡住宿或用餐，感受微妙的氛圍。

　　舊襄陽市場拆除後，一部分商家便遷移至陝西南路，所以陝西南路除了有馬勒別墅，也是一個年輕人喜歡聚集的購物天堂。這裡有許多個性服飾店，價格上也比較親民，而且走在路上，會有人發放小卡片招呼你看包、看錶，樣式都很類似名牌款喔！

　　馬勒別墅附近，座落於延安中路1000號的是棟華麗皇宮型建築，易被誤認為博物館的它，其實是上海展覽中心（上海展覽館），建於1955年，原名中蘇友好大樓，屬俄羅斯古典主義風格，承辦許多展覽會。白天建築物的華麗雄偉，在夜晚燈光的投射下反而顯得嫵媚動人，別有一番風味。

　　上海展覽中心原是英籍猶太人哈同的私人花園，人稱愛儷園或哈同花園，後來太平洋戰爭爆發，愛儷園便逐漸荒廢，直到1954年上海市政府在舊址興建大樓才得以重

生。愛儷園的花園設計是仿《紅樓夢》裡的大觀園所建，樓閣、亭台、假山、流水等處處有風景，是上海園林中的代表精品，可惜我們都無緣目睹，只能說戰爭真是文明的終極殺手。哈同本人交友甚廣，據說國父和徐悲鴻都曾在哈同花園作客過喔！

馬勒別墅散步地圖

info
★馬勒別墅
地址：陝西南路30號
★上海展覽中心
地址：延安中路1000號

　　以馬勒別墅為中心，鄰近的幾條路都頗有特色，這裡主要介紹富民路和巨鹿路。這一帶無論是吃的、穿的、用的，樣樣齊全，光是短短600米長的富民路，就聚集了多家人氣餐廳和小店，如專賣越南菜的Pho Real和Pho Asia、日本的Q太郎拉麵、法式風味餐的Le Bistro du Dr. Wine、台灣的茶米家、聞名的保羅酒家等餐廳、玩轉毛澤東的毛太設計、上海國貨服飾棟樑，還有樂天陶社等商店，每家都各具特色。

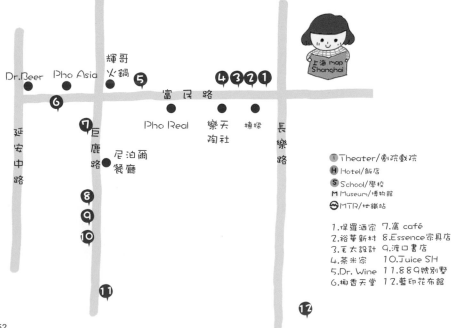

T Theater/劇院戲院
H Hotel/飯店
S School/學校
M Museum/博物館
MTR/地鐵站

1.保羅酒家　7.窩café
2.裕華新村　8.Essence家具店
3.毛太設計　9.渡口書店
4.茶米家　　10.Juice SH
5.Dr. Wine　11.889號別墅
6.沉香天堂　12.藍印花布館

富民路老饕地圖

　　在餐廳林立的富民路，脫穎而出的保羅酒家，老闆最初是修理自行車的師傅，因為在修車空閒之餘喜歡煮幾道小菜和朋友分享，結果煮出了口碑，所以索性在1992年開了餐館，一直到現在都是超人氣的本幫菜餐廳。餐廳外觀很老派，可是入內後，空間出乎意料寬敞，這裡的餐點分量頗大，而且每道菜都充分表現本幫菜濃稠醬汁的精髓，所以點餐前要先評估一下胃容量再點。如果想到此用餐最好先訂位，才不會等到頭昏眼花，不過上菜倒是挺快的，價位也算經濟實惠。

　　有別於保羅酒家的中式風格，鄰近巨鹿路的Le Bistro du Dr. Wine則是慵懶的法國風，賣的也是法式料理，店內有一整牆的紅酒，對於喜歡品酒的朋友來說，想必這裡的夜晚很適合和朋友配著美食小酌幾杯，如果不習慣夜間出沒，可以選擇午餐或下午茶時間，少了夜的浪漫，卻也多了份寧靜。

　　台灣來的茶米家設計很簡單，很有家的感覺，好似將家中廚房空運到店，少了點距離、多了份親近，來自台灣的茶米家，老闆當然是台灣人，主張的是「好茶，好米，好生活，在溫暖如家的氛圍中，品味生活單純的感動」，在上海已經有三家店，店裡還會定期舉辦關於茶米的講座，有興趣的朋友可以上它的網站查詢。

　　除了美食有名，富民路上的毛太設計，賣的不是政治商品，而是設計師將政治議題搞怪、趣味化衍生的商品，如T-shirt、馬克杯、信紙等生活用品，店內裝飾更少不了共產黨的宣傳海報，或是毛語錄、文革用

Info

★保羅酒家
地址：富民路271號
電話：021-54037239
★Le Bistro du Dr. Wine
地址：富民路177號
電話：021-54035717
★茶米家（富民店）
地址：富民路201號
★毛太設計
地址：富民路207號
★棟樑
地址：富民路184號

品等。其實對於新新人類及觀光客而言，這些都是好奇多過於深刻回憶。

熱鬧的富民路上也有許多小故事，259號曾是多情的杜月笙金屋藏嬌的住所；新式里弄的裕華新村則是滿清大臣李鴻章後代子孫居住過的地方，據說有些李家後代仍居住於此；穿梭在上海街弄間，似乎總會不經意的和歷史擦身而過呢！

巨鹿路散步地圖

與富民路相比，總長2,000多米的巨鹿路毫不遜色，舊名是根據當時的法國駐滬領事巨籟達所命名，叫做巨籟達路，直到汪精衛政權時改名為鉅鹿路，後來才改為巨鹿路。這條路雖然長卻不寬，反而有小馬路的感覺，再加上兩旁的梧桐樹和

非常棒的渡口書店！

Essence

洋樓里弄，所以仍保留著舊上海法租界的過往風情，尤其是介於富民路和常熟路中間這段路，更是Emma最愛的散步路線。

　　巨鹿路是條景色豐富的街道，位於820弄的景華新村是經典的新式里弄，陳冠希的潮店「Juice SH」也是開在這裡，喜歡潮牌的朋友應該會想來逛逛吧！但潮牌不是我們的菜，我們比較鍾情的是隔壁的「渡口書店」，穿過小小的院子，書店就位在老樓房的1樓，地方不大，以白色為基調營造出清新、隨興的風格，這裡多半都是文藝方面的書籍，據說是小文青必去的朝聖地。

　　再往巷裡走，你會發現隱藏在巷弄深處的「窩」，這間獨棟洋房曾是中國奧運之父王正廷的故居，如今中國大陸在體壇已占有一席之地，而這間小洋房卻成了可愛的咖啡店，來到這裡不妨品嚐一下最有人氣的熱巧克力。

　　Essence是間法式家具店，這裡的家具就如同店名一樣，彷彿經過歲月的洗禮後淬鍊出精華本質，少了

些新穎華麗，卻多了些低調樸實的沉穩。聽說這裡即將開咖啡店，希望書出版時，我們已經可以坐在這裡，一面閱讀《轉轉上海》，一面品嘗咖啡。

除了富民路、巨鹿路，附近的長樂路上有一家很別致的布店──中國藍印花布館，沿著蜿蜒小巷走會看到一塊木頭標示布館的方向，對於已經習慣穿梭鄰里巷弄尋寶的我們而言，這家店還真是低調到不行，若不是憑著一股對布品的熱愛，還

窩，超人氣熱巧克力！

窩咖啡館由此進～

真可能會因放棄而錯過。走進布館,首先映入眼簾的是庭院竹竿上飄呀飄的藍色花布,瞬間,好像時光倒回民國初年,那個紮著辮子、穿著藍花布衣裳的年代。這間布館是由一位熱愛藍印花布的日本人久保麻紗努力運作,並得到上海紡織品進出口公司支持而共同創辦的布館,1樓門市有藍印花布的各式布製成品和印花布可選購,樓上則有布品的展示,因為我和Emma有時喜歡縫縫補補做些東西,所以這裡讓我們有點捨不得離開,如果你也是同好,可別錯過囉!

藍印花布布館的可愛眼鏡袋!

Info
★渡口書店
地址:巨鹿路828號
★窩
地址:巨鹿路786弄66號1樓
電話:021-5212-3950(熱門,最好事先預約)
★中國藍印花布館
地址:長樂路637弄24號

Emma上海小學堂

什麼是藍印花布?

藍印花布是中國歷代平民最為普及的紡織品,採用純棉原料,全手工紡織,再加上天然植物(藍草)染料,經刻版刮漿,多次浸染工藝製作而成。雖然沒有絲綢的華貴,但其藍白分明的純樸,反而令人愛不釋手,而且藍草少了化學成分,對人體具有保健驅蟲的功效,很符合崇尚自然的原則。

邂逅‧張愛玲

　　談到上海，就不得不提起張愛玲，她出生在這裡，也在這裡成名。有人說她透過寫作來釋放心靈，描寫都市生活的繁華與墮落，敘述城市男女的情愛與孤寂，無非都是她被禁錮的情感抒發，所以，想要走進張愛玲的世界，唯有走進她曾駐足過的這座城市，才得以盡可能地貼近她的心靈深處。

H Hotel/飯店
S School/學校
M Museum/博物館
Ⓜ MTR/地鐵站

1.常德公寓
2.百樂門
3.涌泉坊，靜安設計中心
4.開納公寓
5.福1039
6.汪精衛故居

除了家庭的不完整，她在感情世界裡也是坎坷顛簸，最後孤獨病逝於加州洛杉磯的公寓，張愛玲見證了中國現代史最苦澀的一段，也或許這樣的環境造就了她的矛盾性格，卻也成就了她的文學地位。其實張愛玲的一生和公寓有著密切的關係，她曾說過：「公寓是最合理想的逃世的地方。」也曾寫了篇散文〈公寓生活記趣〉，記錄公寓生活時的點滴趣事，可見公寓生活對她的影響。

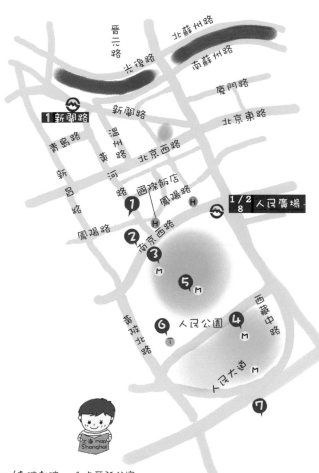

Ⓣ Theater/劇院戲院
Ⓗ Hotel/飯店
Ⓢ School/學校
Ⓜ Museum/博物館
🚇 MTR/地鐵站

1.卡爾登公寓
　（長江公寓）
2.大光明戲院
3.上海美術館
4.上海城市規劃展示館
5.上海當代藝術館
6.上海大劇院

常德公寓：常德路195號

1939年張愛玲隨姑姑遷居愛丁頓公寓（常德公寓舊名），後來曾赴香港大學念書，1942年因太平洋戰爭爆發，她中斷學業回到上海仍居住在這裡，一直到1947年搬走，這時期也是她的創作高峰期，她就是在這幢義大利風格的建築中完成了《傾城之戀》、《金鎖記》等名作。

據說，張愛玲在寫作之餘，常會去公寓1樓的咖啡店，如今當年的那家咖啡店已不復存在，而現在的咖啡店則仍維持舊上海的情調，店內也有販售張愛玲的書籍，有雅興的朋友，不妨點杯咖啡，拿本張愛玲的書，想像一下那些年的上海，就在常德公寓樓下。

常德公寓一帶，除了鄰近有許多百貨公司可以逛，附近還有劉長勝故居、靜安寺，以及靜安公園。如果時間充裕，愚園路是絕對值得一走的路，不僅有傳統石庫門建築、395弄的涌泉坊，還有夜上海的象徵——百樂門，依然矗立在路口看盡繁華。

愚園路上的歷史痕跡

劉長勝故居，中共地下黨上海市委書記劉長勝故居，今為「中共上海地下黨組織鬥爭史陳列館」，這個聳動的館名，令人不自覺心跳加快，彷彿跌入《風聲》中深沉戰慄

中共地下組織
鬥爭史陳列館!

的特工年代。

濃濃裝飾藝術風格的百樂門是老上海夜
生活的代表,燈紅酒綠、歌舞昇平的形象深
植人心,尤其是白先勇的《金大班的最後一夜》,更是將
夜上海的風花雪月描述得淋漓盡致。如今百樂門依然在營
業,但總少了點華麗璀璨的光芒,或許那個徐志摩和陸
小曼跳舞的百樂門已被凍結在老上海的歲月中。

涌泉坊是上海新式里弄建築的先河,共有16棟住
宅,小區門口高高的騎樓大門型式,一來顯出氣
派,二來節省空間,之後很多新式里弄
都模仿這種建築型式。而深藏在里弄
底的24號,獨棟四層樓高的西班牙
式美麗建築,則是華成煙草公司總
經理陳楚湘故居,其公司所生產的
美麗牌香煙可是當時的名牌煙草,
所以這裡也被稱為陳家花園。

汪精衛舊居,這棟哥德式城

Info
★常德公寓
地址：常德路195號
★劉長勝故居
地址：愚園路81號
★百樂門
地址：愚園路218號
★涌泉坊
地址：愚園路395弄4-24號
★汪精衛舊居（長寧少年宮）
地址：愚園路1136弄31號

堡建築落成於1934年，是當年國民政府交通部長為迎娶大夏大學校花保志寧所斥資興建，在當代也是數一數二的豪宅，但1939年時該建築被汪精衛作為偽政權駐滬辦公聯絡處，所以又稱「汪公館」，現在則是上海市長寧區少年宮。

　　愚園路沿途還有很多名人故居，如北洋軍閥段祺瑞故居（688弄4號）、國父友人陳友仁故居（14號）、嚴家花園（699號）等都在這個區域，還有許多新式、舊式的里弄，像亨昌里（1376弄）、愚園坊等，所以是條很值得慢慢散步、細細品味的路線。

開納公寓：武定西路1375號

　　開納公寓開啟了張愛玲的公寓生活，她稱這裡為避世的生活地標。這棟4層樓

上海愛樂的圍牆

上海愛樂的門
非常音樂風！

高的獨立式里弄公寓建於1932年，
以英商汪記洋行大班開納命名，在
當時是相當氣派的公寓建築，住戶
非富即貴，許多百樂門的紅舞星也
居住於此。1938年，張愛玲逃離父親的大宅時，選擇的落腳處就是
這裡。

　　開納公寓所在的武定西路，被稱為上海最有情調的馬路之一，充
滿了人文藝術氣息，除了街頭的雕塑，當你看到音符跳躍的圍牆欄杆，就知道上海愛
樂到了。武定西路的美，是美在藝術與市井生活的融合，讓百姓生活多了些文藝氣
息，也讓藝術殿堂不那麼遙不可及。前往武定西路，如果不想曬得熱呼呼的，也可以
從江蘇路地鐵站走過去，暫時躲掉熱情的太陽。

越界築路的萬航渡路

　　與武定西路交會的萬航渡路是有名的越界築路之一，跨越靜安區和長寧區，舊
稱極司菲爾路，之前是工廠、住宅混雜的區域。或許拜張愛玲和李安的《色，戒》之

賜，萬航渡路435號的汪精衛特工總部才又引起注目，現在已改為上海逸夫職業技術學校，但原主建築在學校改建時已拆除，如今極司菲爾路過往的一切歷史資料，都存放在學校內76號的舊址史料陳列室中。

Info
★開納公寓
地址：武定西路1375號
★上海愛樂
地址：武定西路1498號
★汪精衛特工總部（上海逸夫職業技術學校）
地址：萬航渡路435號

卡爾登公寓：黃河路65號

　　卡爾登公寓應該是張愛玲所居住過，最貼近市井生活的公寓，也是她1950～1952年離開上海前最後的住所。這棟濃濃英國風的公寓，就是現在鳳陽路與黃河路口的長江公寓，雖然這段期間她面臨人生的另一個困惑階段，但也創作了電影劇本《不了情》與《太太萬歲》，還有小說《十八春》、《小艾》等。

Info
★卡爾登公寓
地址：黃河路65號

　　卡爾登公寓附近就是上海有名的商業中心，可以順路到人民廣場散散步，或是到人民公園裡的餐廳喝杯茶，讓思緒從往日情懷中慢慢沉澱。

　　如果餓了或嘴饞，還可以到黃河路的美食街品嘗有名的小楊生煎包或佳家湯包，只是若碰到用餐時間，可能得排一下隊。如果你愛書，不妨信步走到書局街福州路瞧瞧。

張愛玲

　　本名張煐的張愛玲家世顯赫，1920年9月30日出生在康定東路87弄3號的大宅，是李鴻章的外曾孫女。父母在她十歲時便離異，之後她與父親和繼母一起生活，所以在她的成長過程裡既缺乏了母親的關懷，也缺乏父親的關愛，或許是這樣的背景造就了她個性中矛盾、缺乏自信的一面。1944年與胡蘭成相戀結婚，但不久又離婚，當中除了去香港念書，一直在上海生活到1952年，之後才搬到美國長住，也認識了第二任丈夫賴雅。1995年9月在加州洛杉磯公寓過世，留下傳奇卻哀傷的一生。

人民公園內餐廳

李鴻章‧金屋藏香

　　即使對清朝歷史不熟悉，應該還是對這位北洋大臣李鴻章有些印象，這位清末大臣一生中總共簽了三十多個條約，其中大部分為不平等條約，近來隨著越來越多的史料出現，對這位清末重臣評價也逐漸多元化。而且他是張愛玲的外曾祖父，與上海有著很深的淵源。

華山路‧丁香花園

丁香花園的由來眾說紛紜，但最為人們所津津樂道的是李鴻章為了年輕的姨太太──丁香，特別聘請美國建築大師羅傑斯設計了這棟融合西式建築與中國園林的豪華宅第。主樓南面的大花園，草坪外圍有蜿蜒的琉璃瓦龍牆，花園中還有小湖、曲橋和湖心亭，當微風吹拂湖面，泛起陣陣漣漪，那景致真的十分迷人。

人們都知道丁香花園是李鴻章金屋藏香之所，除了藏香，也收藏了許多珍貴的古物書籍。

丁香花園裡有兩幢別墅，分別為一號樓（主樓）及三號樓（副樓），而二號樓為後來才增建，其中一號樓就是丁香的住所，三號樓則是藏書樓，兩幢樓的風格都是美國式的別墅建築。現在丁香花園已列入上海市優秀歷史建築，如今二號樓改為港式餐廳──申粵軒，來這裡除了可以品嘗港式飲茶，還可以好好欣賞丁香花園的風貌，但又不禁想像身處豪華宅第的丁香是否滿足於這樣的生活？

如果有計畫要到丁香花園用餐，Emma建議以華山路和常熟路為起點，慢慢走，跨靜安區、徐匯區和長寧區的華山路可是條充滿藝術及歷史的道路。除了丁香花園，

熊佛西樓，
上海演藝學院！

靠近常熟路那端可以遇到上海戲劇學院，與北京的中央戲劇學院同為中國戲劇藝術的最高學府，校區不大，但校內建築都很精緻特別。由於著名戲劇家熊佛西是學院首任院長，所以校園內有以他命名的熊佛西樓，不瞭解這典故的人，應該會覺得名字很怪吧！

枕流公寓有
許多傷心的往事！

同樣位在華山路的枕流公寓，當時有海上名樓之稱，土黃色外牆的西班牙式建築呈八字型樓房，擁有2,500平方米的花園及地下室游泳池，在當時是很少見的規劃，因此吸引很多名人進住，如周璇就從1932年開始住了25年。藤蔓纏繞的枕流公寓好似有許多被禁錮卻又想訴說的故事，原本枕流之名是取自《世說新語》的枕石漱流之意，希望這裡是可以遠離塵囂享受寧靜的居所，但這些期望都在文革時劃下句點，反而留下了許多傷心的過往。

華山路沿途許多美麗的建築，或許我們不知道它的故事，但它們已經變成一道風景，陪伴著每個經過駐足的人們。

Info
★丁香花園
地址：華山路849～879號
★上海戲劇學院
地址：華山路630號
★枕流公寓
地址：華山路699～731號

武康路

　　鄰近丁香花園的武康路，就是《色，戒》中的福開森路，這是汪精衛政府接管前的路名，道路兩旁都是高牆環繞的洋房，從牆的高度就可以瞭解洋房主人的富貴，其中99號原是正廣和大班住宅，也是電影《色，戒》中易先生的家。

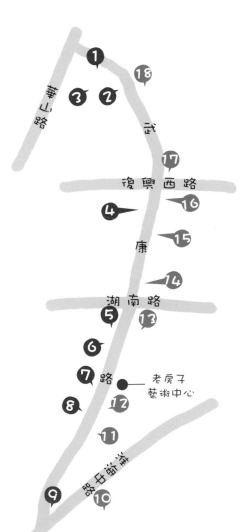

1. 莫觴清舊居(2號)
2. 唐紹儀舊居(40-1號)
3. 顏福慶舊居(40-4號)
4. 羅密歐陽台(210號)
5. 國富門公寓(232號)
6. 開普敦公寓(240號)
7. 武康庭(376號)
8. 原義大利駐滬領事館
　 (390號)
9. 武康大樓

10. 宋慶齡故居
11. 原國立北平研究院
　　藥物研究所(395號)
12. 黃興故居(393號)
13. 周作民舊居(117號)
14. 密丹公寓(115號)
15. 巴金故居(113號)
16. 陳果夫舊居(107號)
17. 英商正廣和大班舊居
　　(99號，色戒場景)
18. 陳立夫舊居(67號)

老房子
藝術中心

易先生的家

武康路建築很多精緻的細節！

　　　　　　　　　　　　和多倫路一樣，武康路也是有名的名人故居街，更是上海唯一入選為中國文化名人街的道路，中華民國第一任國務總理唐紹儀、革命烈士黃興、名作家巴金等都在此居住過，不過除了巴金故居目前有開放參觀，許多故居已成為私人民宅，我們只能路過時稍稍駐足，緬懷一下過往。

　　也許是中國文化名人街的緣故，所以上海觀光局在武康路設立了「老房子藝術中心」。中心的一樓有些做工精細的老房子模型，還有諮詢櫃台及相關資料可以索取，

巴金故居

二樓則有些藝文展覽，而且這裡每個月的第一個周六有舉辦武康路老房子導覽的活動（漫遊慢品武康路），如果想探訪武康路老房子，把這裡當作武康路的散步起點是很好的選擇喔！

漫遊慢品武康路活動

老房子藝術中心舉辦的活動，在每個月的第一個周六下午1:00～1:30報到，報到地點就在老房子藝術中心，除了會有專人帶領參觀介紹老房子，還有贈送武康路明信片、老房子地圖等，而且活動完全免費，現場報名即可參加。

除了名人故居，武康路上有幾棟類似紐約熨斗大樓的公寓建築，即使經過歲月的洗禮，這些軍艦式大樓依然矗立在武康路上，看著上海的歷史變遷，也為古典上海增添些許現代感。其中Emma最喜愛的前三名是——密丹公寓、開普敦公寓及武康大樓。

　　密丹公寓，現代派加裝飾藝術風格，平面為三角形，公寓外觀沿路而建形成有趣的階梯狀，灰色牆面搭配深紅色窗框已經很醒目，再加上縱橫線的裝飾，使得建築物很有立體感，雖然是間小公寓，可是非常有獨特的風格。

　　開普敦公寓，位在密丹公寓的斜對面，簡潔的外觀搭配淺黃色牆面，同樣是具有度假風的現代派建築。

　　武康大樓，位於武康路和淮海中路交會口的武康大樓，原名諾曼第公寓，始建於1924年，由著名設計師鄔達克設計，是上海第一座外廊式公寓大樓。從舊名就可以窺知這是一棟充滿法國文藝復興風格的公寓大樓，當時受限於其地理位置，所以大樓底層才採用騎樓樣式，將一樓室內空間往內縮，留出人行道空間，卻反而更具特色。1953年該大樓被上海市人民政府接管，並更名為武康大樓，之後很多藝文界名人入住於此，其實我還是比較喜歡它的舊名，你覺得呢？

　　武康路也有許多別具特色的小店，有專賣民族風飾品的嵐調，聽說老闆是貴州苗族人，所以店內布置很有邊疆民族風情；可愛的Catie La店內裝潢很夢幻，店主將裡面布置成貴族淑女的臥室，是很多女孩夢想中的房間，這裡主要賣一些仿古風的東西，可是價格不便宜。

　　還有舊里弄改建而成的武康庭，最近小有名氣，它就

記得來看看

帶點異國風的武康庭！

武康庭316

位在武康路376號，如果沒看到白牆上的數字「376」，可能會和它擦身而過，武康庭不大，但很有異國情調，除了有名的咖啡店coffee tree，也有餐廳、畫廊、花店。

離開武康路，可以繞到復興西路繼續散步，這條路沿途也有許多美麗的老房子，雖然不如武康路的老洋房有名氣，但是這些被歲月浸染過的房子都散發著屬於自己的味道，少了點頭銜卻多了些輕鬆，反而可以細細品味。復興西路上的店家比較分散，所以相較之下顯得寧靜，不過復興西里是類似武康庭的小區，聚集了一些創意店家和餐廳，這裡有家咖啡店Ginger Café還當選過「That' SHANGHAI 2011 Best Café」的殊榮喔！

Info

★唐紹儀故居
地址：武康路40弄1號
★巴金故居
地址：武康路113號
★黃興故居
地址：武康路393號
★老房子藝術中心
地址：武康路393號甲
★Catie La
地址：武康路105號
★武康庭
地址：武康路376號
★密丹公寓
地址：武康路115號
★開普敦公寓
地址：武康路240～246號
★武康大樓
地址：淮海中路1842～1858號
★復興西里Ginger Café
地址：復興西路299弄1號
電話：021-6433-9437

常熟路與安福路

安福路並不長，有人說不過千步距離，可是它卻是上海話劇基地。早在半世紀之前，安福路已是上海青年話劇團、上海人民藝術劇院的根據地，現在更是上海話劇藝術中心的所在地，濃厚的藝文氣息，吸引文藝青年聚集，近年來也吸引了不少餐廳、咖啡店及小店進駐，悠閒的味道，令人錯以為走進法國小街。這裡真的很

常熟路

好逛，很多有趣的小店，和隨手可得的咖啡，簡簡單單就消磨一個下午，如果有雅興，也可以到上海話劇藝術中心欣賞中國式話劇表演。

知名的會所——安福會，建築本身就是優秀歷史建築，建於1937年的英式花園洋房，紅瓦屋頂、折形屋面，配上二樓的大露台，活脫是童話故事裡的房子。除了安福會，另一間列名優秀歷史建築的建築物位在安福路233號，原名為巨潑來斯公寓，建於1918年的中西合併簡易古典風格公寓，紅磚牆面搭配半圓形

拱門，很有歐洲風情。

　　走累了想用餐，這裡有一家Emma很喜歡的義式料理小餐廳Settebello，有興趣下次來時建議可以嘗試看看。除此之外，我們在靠近常熟路的小花咖啡館，遇到了上海服務最棒又專業的服務員，雖然我們只是進去歇歇腳，並沒點太多東西，但他還是面帶笑容貼心地一直替我們加水喔！

Info
★Settebello
地址：安福路193號
電話：021-3356-2587
★小花咖啡館
地址：安福路25號
電話：021-5403-8247

在這裡遇到上海最好的服務生！（感動中～）

康平路與天平路

　　鄰近淮海中路的康平路與天平路，或許是這一帶的路都太有名了（淮海路、武康路、華山路），所以遊客反而容易忽略了這兩條梧桐小路，其實這兩條路不但名字相近，也都有招牌餐廳讓我們流連忘返。

可愛的小小花園
入口非常小~

康平路，不長卻有著特別的歷史意義，1966年時在這裡曾發生上海工總司和赤衛隊的一次大規模武鬥，稱為「康平路事件」；另外NBA球星姚明的童年時期就在這裡度過，如果你也是籃球迷，不妨過來朝聖一下。

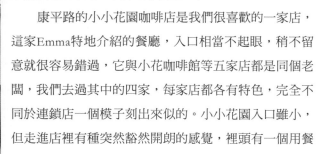

康平路的小小花園咖啡店是我們很喜歡的一家店，這家Emma特地介紹的餐廳，入口相當不起眼，稍不留意就很容易錯過，它與小花咖啡館等五家店都是同個老闆，我們去過其中的四家，每家店都各有特色，完全不同於連鎖店一個模子刻出來似的。小小花園入口雖小，但走進店裡有種突然豁然開朗的感覺，裡頭有一個用餐區是像溫室般的玻璃屋，也是這家店的一大特色，很多客人會指定坐這裡，店內布置很隨興卻很有味道，餐點主要以西式料理為主，飯後別忘了點份招牌的熔岩巧克力當點心。

說到天平路的美食，當然少不了老吉士，這家標榜道地本幫菜的小餐館生

意火得不得了，還強制規定用餐時間，有人說老吉士服務不好，但我們去時倒是還好。Emma說店裡的「紅燒肉」口味差了些，但「心太軟」卻是她吃過最讚的，不過我覺得都滿好吃的。

天平路少了些政治味，卻也多了些趣味，沿路有許多個性小店、雜貨風小鋪，像老吉士旁的ZN Silver Maker銀飾店，據說莫文蔚和阿信都光顧過；而可愛的雜貨風小鋪HandSHOP就在ZN對面，小小的10平方米空間卻藏著許多夢想，喜歡家裡是復古鄉村風格的朋友，這間店值得一逛。

天平路91弄的Miao鳥Club是間貓咪主題咖啡館，格局是老式石庫門型態，店裡有多達十四隻的店貓，而且各自有很特別的名字。我們一碰到毛茸茸的小動物就完全沒有招架能力，置身其中真是幸福，可是如果你像Emma可憐的朋友J那麼怕毛小孩，就得三思而後行。

Info

★老吉士
地址：天平路41號
電話：021-6282-9260
★ZN Silver Make
地址：天平路45號
★HandSHOP
地址：天平路124號
★Miao鳥Club
地址：天平路91弄34號（近康平路）
電話：021-6280-7412
★小小花園
地址：康平路220號（天平路與華山路間）
電話：021-5258-2058

新華路與幸福路

據說梧桐樹環繞的新華路
是上海最浪漫的路，就像條美
麗的綠色隧道，新華路真的美
得有點脫俗，如果不是車流喇
叭聲破壞了這美好的片刻，彷
彿可以一直凝視著這片靜謐。
被列為上海歷史文化區的新華
路，興建於1925年，最早是因
為小佛寺而得名，所以租界時
代稱為安和寺路。在當時這區
域也建了許多花園洋房，其中

如今外國弄堂
已經變成當地
民居了！

Hello~

最有名的巷弄當屬新華路211與329弄的別墅區，又稱為「外國弄堂」。巷弄內的洋房
建築風格各異，因為主人的不同而呈現各國風貌，其中的329弄17號也是匈牙利建築
師鄔達克設計，之前的瑞典公使館就在329弄裡，但洋房景物依舊卻人事已非，走進
里弄間有種寧靜的氛圍，也有種莫名的失落感。

外國弄堂裡的洋房

除了外國弄堂的別墅，新華路上的建築也是各有特色，200號的傳統中國建築，在眾多西洋建築中顯得特別突出；231號白牆黑木框架的英式鄉村花園洋房，以前可是麵粉大王和棉紗大王榮德生的家；同樣風格的179號洋房，已改為上海灘花園酒店；211弄1號則是一棟西班牙風格的洋房建築，可見多國建築風格是新華路的特色。如果偶爾響應環保，想換點清淡口味，靠近外國弄堂的五觀堂素食館，則推薦試試！

新華路附近有條幸福路，偶像劇「轉角，遇到愛」曾在那裡的131號取景，不過戲裡開的是蚵仔煎店，現實生活中則是川菜餐廳。總覺得到幸福路走一走，就會得到幸福，就像虹口區的甜愛路，走在路上會有甜蜜幸福的感覺，新北市好像也有一條幸福路，改天順路再去體會一下台灣的幸福吧！

info
★五觀堂素食館
地址：新華路349號
電話：021-6281-3695
★新華別墅（外國弄堂）
地址：新華路211弄與329弄
★上海外灘花園酒店
地址：新華路179號

講求天然的
五觀堂素菜好吃喔

上海皇帝傳奇・杜月笙公館

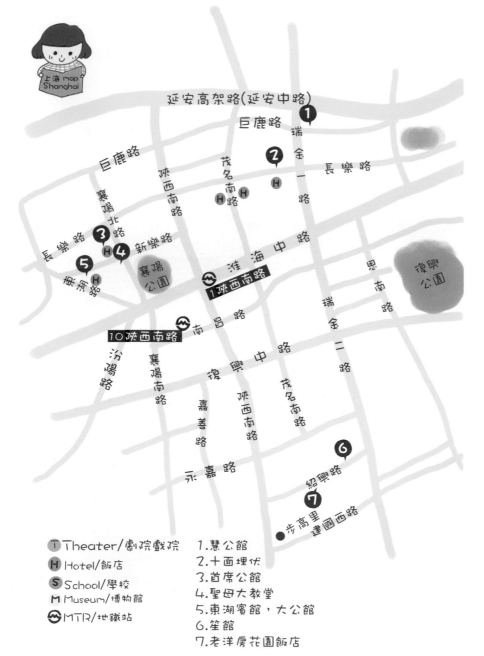

延安高架路(延安中路)

巨鹿路

❶

❷

巨鹿路

茂名南路

長樂路

襄陽北路

長樂路

陝西南路

瑞金一路

❸

新樂路

❹

襄陽公園

❺

東湖路

淮海中路

1陝西南路

思南路

復興公園

10陝西南路

南昌路

汾陽路

襄陽南路

復興中路

嘉善路

陝西南路

茂名南路

瑞金二路

❻

紹興路

永嘉路

❼

步高里

建國西路

T Theater/劇院戲院
H Hotel/飯店
S School/學校
M Museum/博物館
M MTR/地鐵站

1.慧公館
2.十面埋伏
3.首席公館
4.聖母大教堂
5.東湖賓館,大公館
6.笙館
7.老洋房花園飯店

青幫老大杜月笙縱橫上海數十年，他的權勢及家產之龐大，在當年的上海灘無人能及，無論是在幫派鬥爭，或是政治角力上，都是舉足輕重的人物，而他的情史更是落落長，所以上海處處有他留下的足跡，眾多房屋中除了檯面上自己使用的屋舍，還有許多檯面下金屋藏嬌的房屋，這裡先介紹幾棟較廣為人知的杜月笙公館。

化身慧公館的杜公館

鄰近瑞金一路，在巨鹿路上的168號大宅，就是杜月笙的公館之一，也是杜月笙四姨太的舊居，現在為小南國集團下的餐廳——慧公館。有著紅瓦磚牆的英式花園建築，外觀上有典型的外廊式陽台及立柱裝飾，進到室內，首先映入眼簾的是從天花板垂降而下的華麗水晶吊燈，沿著木製的螺旋梯拾級而上，可以看見精緻炫目的馬賽克玫瑰花窗及走廊上的典雅桌櫃擺設，不難想像當年的繁華景象。而公館的對面剛好是一整排的矮房民居，與奢華的慧公館形成強烈對比，這也是上海常見的景象。

這家慧公館和「外灘的美味時光」中介紹的安培洋行的慧公館一樣，都可以選擇套餐的型式（以人為單位），大約188 RMB起跳，包含前菜、主菜、主食及任意

對街的老區形成強烈對比

點的點心，菜色精緻可口，雖然每一盤的量都不多，但多道菜吃完還是飽足感很夠，現在回想起來，真恨不得當時再多點幾次點心。如果只是單純想感受老上海洋房用餐的情調，倒是建議選擇下午2點以後的午茶套餐，一人約128 RMB，可以省一點。

　　如果你也像我們的父親大人一樣喜歡品嘗螃蟹，建議可以到長樂路十面埋伏享受蟹膏大餐，店內的麵食主要以海鮮為主，蟹膏麵裡會有一整隻蟹膏滿滿的螃蟹，價位和一般麵店比起來稍貴，但還挺特別的。不過再次提醒你螃蟹屬性較寒，想嘗鮮的人要確保肚子健康再來喔！因為我就是屬於胃腸較差的人，那天吃完一整隻還真有些受不了。

Info

★慧公館（瑞金一路店）
地址：巨鹿路168號
電話：400-820-2028
★十面埋伏
地址：長樂路352號

真假杜公館（大公館與東湖賓館）

　　東湖路7號的大公館，最初是在1921年，由篤信風水的猶太商人Ray Joseph延請法國名設計師所建造的花園洋房，取名為大公館，作為建立上海貿易的根據地。1934年杜月笙的門人金延蓀因承包航空彩券賺得暴利，於是便重金買下大公館贈予杜月笙，而被稱為杜公館。但後來杜月笙為了賄賂戴笠得到上海市長寶座又將房子轉贈於他，只是不久戴笠遭遇空難，杜月笙的市長夢碎。八一三事變後，杜月笙舉家逃往香港，最後病逝於香港。

可愛的
大象裝飾！

除了大公館，很多人也都認為東湖路70號的東湖賓館才是杜公館，因而有了真假杜公館之謎。有一種說法是東湖賓館曾一度為杜月笙所擁有，但因為他認為房子有邪氣，所以一天都沒住過，其實不論是哪一種版本，都只是替這兩棟美麗的洋房增添了神祕的魅力。

現在中法混搭風格的東湖賓館是有名的飯店，而文藝復興風格的大公館則變身為餐廳。如果想仔細觀賞大公館，可以來此享用下午茶，除了好好欣賞內部的精緻家飾，也順便感受一下窗外的綠蔭美景，只是不知這位上海皇帝當年是否有和我們一樣的閒情逸致。

新樂路逛街趣

東湖路旁的新樂路，鄰近繁華的淮海中路，剛好被襄陽北路分成兩段，介於陝西南路與襄陽北路的新樂路比較熱鬧，路兩旁有很多服飾店，是上海時尚達人必逛之路，為了吸引上海市時尚貴族的青睞，所以這裡的精品雖然價格昂貴，但和一般百貨公司的貨品有很大不同。而越過襄陽北路後的新樂路則一反剛剛的熱情，呈現出低調的安靜，在寧靜的午後，很適合散散步。

新樂路現在除了很多精品店，也有一些特色小店逐漸進駐。Emma很喜歡有環保概念的糯米（Nuo Mi），這家小店真的很小，成人的衣服設計上是比較簡單的線條，童裝則帶點民俗風，當天Emma本來是要去買裝在蒸籠的嬰兒鞋組送朋友，可是店家說現在只有單賣嬰兒鞋，所以禮物沒買成，反而是我忍不住多買了幾件。

位在糯米對面走復古風的染坊（c.lee），色彩豐富的店面相當突出搶眼，店裡有許多仿70、80年代的物品，對於喜歡復古風的朋友，這家店應該不會令你失望，不過就像Emma香港好友K說的，上海街邊小店的價格已經越來越貴了！

與長長的巨鹿路、長樂路或復興路比起來，新樂路真的是不長，適合不喜歡一直走路卻又想看些東西的朋友，如果剛好餓了，可以到旁邊的富民路來趟美食之旅，絕對不會挨餓。

另外，新樂路還有一個景點非介紹不可，就是位在新樂路與襄陽北路交會處，有著半圓穹頂的東正教堂——聖母大堂，這裡是東正教上海教區的主教座堂，始建於1933年，由當時上海教區主教向東正教民及俄僑募款集資所建，再加上俄國建築師利霍諾斯義務幫忙設計，還有其他工程師免費施工興建，集眾人之力，終於在1936年完成這座俄羅斯拜占庭風格的大教堂。教堂屋頂孔雀藍色的一大四小鼓形圓穹頂，搭配奶白色牆面，顯得高雅端莊，文革時期，教堂內的壁畫曾遭石灰覆蓋，一直到2007年整修時才得以重見天日。

Info

★大公館
地址：東湖路7號
★東湖賓館
地址：東湖路70號
★聖母大教堂（東正教堂）
地址：新樂路55號

東正教

東正教，又稱為正教會、正統教會或東方正教，是基督教主要宗派之一，信徒主要分布在東歐。在11世紀中葉，因對教條及教宗權力的意見分歧，再加上語文、文化的不同，使得基督教教會產生大分裂，東正教因而從基督教分離出來成為獨立的宗派，與天主教以教廷為領導中心的型式不同，東正教的各個教會彼此在管理上獨立，但皆有著共同的信仰，並且在聖禮上完全共融。

笙館與老洋房花園飯店

位在紹興路的笙館，鄰近陝西南路，人稱杜月笙小公館，這是Emma當初本來想尋找紹興路上的Muji設計師咖啡店，卻意外發現的杜月笙另一公館。這間有著海派風格花園的公館，現在是一家會所，主要用來辦婚宴或活動，建築物本身維護得沒有其他公館好，所以略顯老舊，據說這裡當年也是延請風水師設計規劃，看來這位上海皇帝也是篤信風水之說的人。

笙館所在的紹興街，又稱為出版街，街上開了許多不錯的咖啡館，後面章節會特別介紹Emma最愛的一家。

紹興路另一杜月笙的公館，是杜月笙送給四姨太的住所，現在是本幫菜餐廳。由於公館內的花園景致迷人，幽幽小徑穿梭

漢源書店

紹興路是有名的出版街喔！

在梧桐樹與草坪間，所以稱為花園飯店，也是上海老洋房改建聞名的餐廳，在這裡邊用餐邊欣賞庭院美景，真是奢侈的享受。

首席公館

　　位在新樂路與襄陽路交會口的首席公館，當初是杜月笙和黃金榮等人合開的三鑫公司的辦公室所在地，1932年由法國設計師拉法爾所設計。建築物具體地展現了歷史名人的氣派，經過一番整修改建而成的精品飯店，仍然保有當時的氣派與規模，而展示在大堂的歷史古董珍品彷彿將時光拉回到30年代，才開幕不久，許多名人、明星如劉嘉玲、周迅都已入住過，光聽名字就可以知道住宿價格也是精品價。

Info

★首席公館
地址：新樂路82號

航空救中國說

　　1930年初，擔任國民政府財政部長的宋子文為了開發收入，所以順應國父倡導的「航空救中國說」，提出發行航空彩券的想法，並交由杜月笙處理相關事宜。杜月笙則將此事交由門人金延蓀負責，從旁協助發行彩券，後來金延蓀因而從中賺取暴利，他為感謝杜月笙的提攜，所以購買東湖路7號的「大公館」贈予他。

窺探文人生活

南昌路上遇見徐志摩與陸小曼

　　Emma告訴我南昌路本是法租界的一條小河，20世紀初，由於此區日漸繁華，所以租界當局便命人將其填平成路，本來命名為陶而斐斯路和環龍路，汪精衛政權時代將兩條路合併，改名為南昌路。南昌路沿路大多是住宅區，比起思南路整齊一致的花園洋房，這裡的街景多了些變化，有石庫門型式的老房子、裝飾藝術風格的公寓住宅、法國風別墅、南歐風別墅等，各式各樣的房子為南昌路更添風采，如今這條路上有一些老房子都翻修化身為許多小店或餐廳，非常適合逛街。

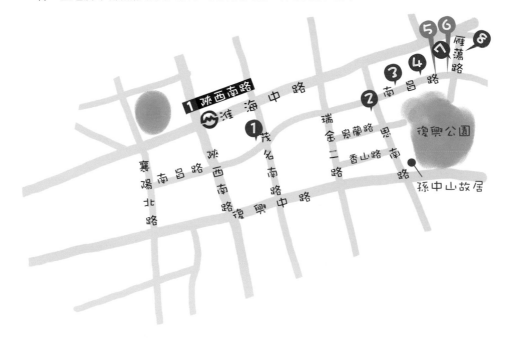

- Ⓣ Theater/劇院戲院
- Ⓗ Hotel/飯店
- Ⓢ School/學校
- Ⓜ Museum/博物館
- Ⓜ MTR/地鐵站

1. 淮海坊
2. 南昌路孫中山舊居
3. 老漁陽里
4. 徐志摩與陸小曼舊居
5. 雕刻時光咖啡館
6. NUVEO 66
7. 味香齋
8. 鮮得來

　　當Emma提議要逛南昌路時，剛好碰到下雨天，本來晴朗的天氣無預警的雷聲大作，突然就下起滂沱大雨，我們在附近的H&M躲雨躲了一個多小時，等雨停才能開始逛。Emma說，她會發現南昌路，也是某天因為塞車而碰巧經過，後來聽久居上海的朋友說這是一條適合挖寶的街道，不過躲雨的時間並沒有白費，南昌路真是一條讓人充滿意外驚喜的小路。

南昌路的咖啡味

　　等雨稍歇，我們在南昌路第一家造訪的店，就是有店狗的家庭咖啡館——NUEVO 66，這家隱身在小巷裡的咖啡店並不好找，位於南昌路66號巷弄走進去的右手邊，輕輕推門而入就聞到一股咖啡香和烤餅乾的香味，比熊犬Lori也立刻衝過來東聞聞、西嗅嗅。店裡的用色很強烈，草綠色的牆面搭配很多大紅色的裝飾，可是卻意外地協調溫暖，店裡的餐點選擇並不多，但招牌的外婆奶茶及手工餅乾我們都有吃，很夠味喔！當我們離開時，Lori還一臉依依不捨。

NUEVO 66！

布朗尼蛋糕　　手工黃油餅乾

　　南昌路上另一家頗有特色的咖啡店——雕刻時光咖啡店，招牌上的圖案貓咪很像我們家的貓咪小弟——小福，從前院的木平台走進去，大門和牆面以透光玻璃營造出空間感，即使坐在店裡也可以看到外面的景色，店內灰白色的磚牆和木製家具超乎想像的搭調，選本書點杯咖啡，坐在這裡可以發呆一下午。不過，雕刻時光咖啡店雖是從北京來的連鎖咖啡店，老闆卻是台灣人，難怪店裡總有點似曾相識的感覺，可惜的是上海禁煙不像台灣落實，所以鼻子過敏的我們遇到喜歡吞雲吐霧的客人時只好先走一步。

南昌路巧遇飛躍鞋

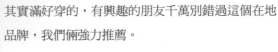

當我們走在南昌路時，路旁有一間民宅從圍牆裡透出微光，圍牆旁的小門前放了一個簡單的牌子，牌子上有一隻鞋和奇怪的標語（One small point of pride），所以我們就好奇的走進去，答案揭曉——是一家鞋店。這家店主要產品是上海的飛躍鞋，很像早期的帆布鞋，有復古的味道，還有一些外貿代工的名牌鞋款，仔細檢查品質還不錯，價格卻很便宜，小朋友的鞋一雙才 50 RMB，這是來到上海第一次有「哇！好便宜！」的感覺，所以我們一行人共買了四雙大人、一雙小孩的飛躍鞋，其實滿好穿的，有興趣的朋友千萬別錯過這個在地品牌，我們倆強力推薦。

淮海路後的文人點滴

Emma說不記得是誰曾說過「歷史就藏在淮海路背後的皺褶」，而南昌路正好位在淮海中路後方，這裡也確實是一些影響重大的歷史事件發生地，就像1920年陳獨秀在他位於環龍路老漁陽里2號（今南昌路100弄2號）的寓所內祕密成立了中國共產黨，而從此改變了中國的歷史定位。

多情詩人徐志摩與社交名花陸小曼婚後，曾定居上海環龍路花園別墅11號（今南昌路136弄11號）的一棟三層樓洋房，這段轟轟烈烈的愛情幾經波折，但有情人終成眷屬，卻又因價值觀的差異而不合，難道真的是相愛容易相處難。胡適曾說：「徐志摩的人生觀真是一種單純信仰，這裡面只有三個大字，一個是愛，一個是自由，一個是

美。」而這種單純信仰成就了他的才華，也斷送了他年輕的生命，就如徐志摩〈再別康橋〉中的詩句：「悄悄的我走了，正如我悄悄的來；我揮一揮衣袖，不帶走一片雲彩。」他短暫卻豐富的文采為中國文壇泛起陣陣漣漪，至今未停。

其他許多名人如郭沫若、徐悲鴻、國父孫中山等人，也都曾是南昌路的過客，其中國父第一次護法失敗回到上海時，就借住在環龍路63號（今南昌路59號）的小房子裡。我很喜歡徐悲鴻畫的馬，而他在上海發表的第一幅畫就是〈馬〉，不過我和Emma並沒有確實找到他的故居，算是探訪南昌路的小小遺憾。

雁蕩路的悠閒時光

　　與南昌路交會的雁蕩路是上海首批全天候步行街之一，也因為它是銜接淮海路與復興公園的道路，所以就處在熱鬧與寧靜之間自成一格，碎石子路、咖啡座、各國美食及海派建築景觀，都讓雁蕩路呈現出悠閒隨意的風情，很適合沒有特別計畫的日子裡慵懶待上一個下午。這裡的兩家老店味香齋的麻醬拌麵與鮮得來的排骨年糕特別有名，店內幾乎沒有裝修，用餐時間卻總是大排長龍，不過鮮得來的阿姨服務員態度真的有待改善，這也是為什麼安福路上小花咖啡館的禮貌服務員讓我們稱讚的原因。

雁蕩路上的海派建築！

info

★徐志摩與陸小曼舊居
地址：南昌路136弄11號
★老漁陽里
（陳獨秀故居，銘德里）
地址：南昌路100弄
★孫中山南昌路舊居
地址：南昌路63號
★雕刻時光咖啡館
地址：南昌路116號
★NUEVO 66 café
地址：南昌路66號巷內
時間：13:30～22:30（周二休）

露天博物館 · 多倫路文化名人街

　　Emma說，想要體驗老上海的百姓生活，就得看看虹口區。其實本來在上海走走逛逛間，我們也看過很多舊里弄、舊房子，但是虹口區果然如她所說，令人意外地保留了傳統的過往，彷彿將老上海的時間停格了，市井小民的生活縮影依然在此上演，這裡並沒有美輪美奐的洋房別墅，也沒有嶄新的建築，有的只是老式里弄、路邊街市、隨風飄揚的萬國旗，可是卻反而更有生命力。

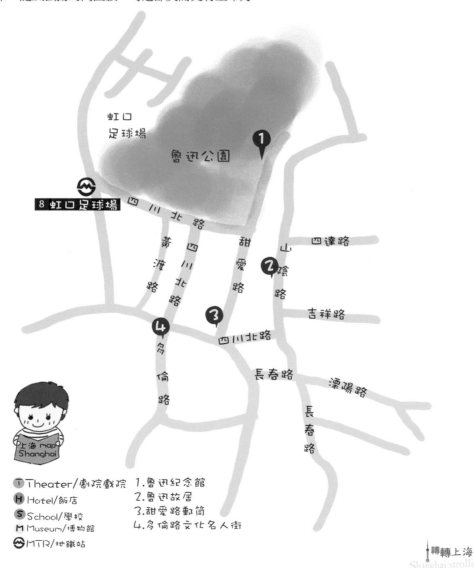

Ⓣ Theater/劇院戲院　　1.魯迅紀念館
Ⓗ Hotel/飯店　　　　　2.魯迅故居
Ⓢ School/學校　　　　　3.甜愛路郵筒
Ⓜ Museum/博物館　　　4.多倫路文化名人街
Ⓜ MTR/地鐵站

愛情郵筒被塗鴉成這樣

　　我們決定在進入抑鬱激昂的左派
文學思潮前，先去感受一下滿滿的甜蜜
感，而甜愛路果然路如其名，處處有甜
蜜。路旁有許多描述愛情的文字，路口
前更是貼心地放了一個愛情郵筒，聽說情人節前這個郵筒會塞爆，可惜有些無聊人士
在上面亂塗鴉，少了點完美的感覺。

阿Q傳奇的魯迅

　　從甜愛路轉到山陰路，魯迅故居就在不遠處，魯迅是新文化運動的領導人，左
翼文化運動的支持者，在中國文學史上有不可撼動的地位，這位《阿Q正傳》的作者
1927年從廣州北上上海，生命中最後的九年就在上海度過，先後在景雲里及山陰路大
陸新村9號居住，而山陰路的故居則是逝世前的住所。這棟紅磚紅瓦的三層樓歐式建
築被這位大文豪取名為「介且亭」，Emma解惑說明，因為大陸新村地處於租界外的

越界築路區域，有半租界之稱，所以取
租界兩字各半，就是介且亭的由來。不
過我想魯迅應該是個很愛取名字的人，
因為根據史料記載他使用過的筆名高達
一百四十多個，這個紀錄應該很難被突
破吧！

　　魯迅居住在山陰路期間常到虹口公
園散步，1956年他的靈柩遷葬至虹口公
園內，並建立了魯迅紀念館，1988年虹
口公園正式改名為魯迅公園。紀念館內
有許多珍貴的手稿資料，還有魯迅生平
著作，魯迅好友所開的內山書店也在紀
念館中重現，此外，還有《阿Q正傳》
書中場景的布置，在這裡可以完整地瞭
解魯迅的生平點滴。

激昂的左派文學

　　多倫路向來有露天
博物館之稱，許多重量級
的名人故居都齊聚在這條
充滿文藝氣息的路上，而
有「一條多倫路，百年上
海灘」的美譽，短短500
多米，曲折蜿蜒的多倫路
卻有著影響上海灘發展的
驚人力量，如魯迅、郭沫
若、瞿秋白、白先勇等許

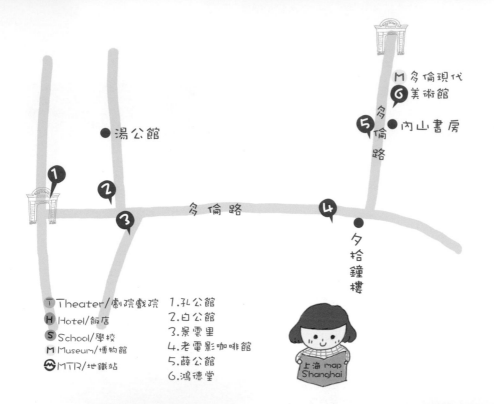

M 多倫現代
G 美術館
⑤ ● 內山書房
多倫路

● 湯公館

① ② 多倫路
③ ④
● 夕拾鐘樓

T Theater/劇院戲院　　1.孔公館
H Hotel/飯店　　　　　2.白公館
S School/學校　　　　3.景雲里
M Museum/博物館　　　4.老電影咖啡館
◎ MTR/地鐵站　　　　　5.薛公館
　　　　　　　　　　　　6.鴻德堂

上海 map
Shanghai

海上旧里

多倫路文化名人街

出發　　　　名人行~

多作家都在這裡居住過，這條路沿途有許多雕塑藝術，其中也有當代文學家的雕塑，看看雕塑再看看簡介，可以幫助我們更容易瞭解這些歷史人物的生平。而沿途的建築物其實相當整齊一致，很多建築物門口會掛上解說牌簡述其歷史及居住過的名人，不過實在太多了，看到後來都快錯亂，只覺得高中歷史課本的內容一直在腦袋裡轉。當然作為觀光景點，除了名人故居，這裡也有很多的書畫、茶樓、古玩、咖啡店、紀念品等商店進駐，有些人會覺得這些商店破壞了文化氣息，不過我倒是覺得這可以為沉著的歷史注入一些新活力。

　　多倫路上名人故居、景點之多，實在是族繁不及備載，我和Emma覺得應該就一些大家比較熟識的名人或特色先做介紹，有興趣的朋友可以再深入探索。首先是多倫路口處的孔祥熙公館，位在多倫路250號的孔公館，是兩層樓的西班牙混合伊斯蘭風格建築，牆面細膩的雕花設計是這棟建築的一大特色，呈現出精緻華麗的視覺效果，現在則為一般民居。

這是根據魯迅書中描述場景重建的朝花夕拾

210號的白崇禧寓所，人稱白公館，建於1920年代的法國古典主義式建築，正面四根乳白色大理石圓柱更顯得氣勢壯觀，現在則為解放軍體檢中心。

魯迅住過的景雲里則位在多倫路135弄，這是一條磚木結構的舊石庫門里弄，建於1925年，也許在上海這只是一條平常不過的老里弄，卻因為許多名人的入住而顯得氣質不凡。

119號的夕拾鐘樓，以魯迅的名著《朝花夕拾》為鐘樓命名，紅磚造型的鐘樓，頂端設有青銅鑄造的古鐘，再搭配上絕美的名字，每當傍晚時分就會聚集許多附近住戶在此下棋，真是好一幅悠閒的畫面。

66號的薛公館是一棟隱藏在樹叢後的清水牆建築，建於1920年，歷經九十幾年的歲月，現在建築物本身有些老舊斑駁了，但庭園上顯眼的大鐘樓仍是觀光客喜歡合影的景點。至於薛先生的來歷，只知道是本地的富商，附近鄰居稱其為薛老爺，抗戰期間這裡被日軍占據當作海軍武官駐地。

鴻德堂位在59號，是一所非常中國味的教堂，外觀有點像廟宇建築，搭配紅色圓柱、拱窗等特色，和其他教堂大異其趣。1925年由基督教北美長老教會集資興建時，恰逢全中國的基督教興起本色運動，流行建造中國傳統樣式的教堂，所以這也是世上唯一中國傳統風格的基督教堂。不過上海的教堂似乎給人一種門禁森嚴的感覺，鴻德堂也只有周日固定時間對外開放，我還跟Emma說似乎有種距離感。而位在鴻德堂隔壁的鴻德書房則是間書店，店門口有一位穿著和服的日本人雕像，是魯迅的摯友內山完造，也就是內山書店的老闆。

老電影咖啡館

Info
★魯迅故居
地址：山陰路大陸新村9號
★魯迅紀念館
地址：甜愛路200號
★孔祥熙公館
地址：多倫路250號
★白崇禧公館
地址：多倫路210號
★景雲里
地址：多倫路135弄
★老電影咖啡館
地址：多倫路123號
★名人茶藝館
地址：多倫路90號
★鴻德堂
地址：多倫路59號
★薛公館
地址：多倫路66號

老電影咖啡館

　　除了歷史意義，多倫路也富含藝文氣息，123號的老電影咖啡館完全呈現出20～30年代的上海風華，復古家具搭配那時期的歌曲、電影等，完全將我們從現在拉回到過去，逛累了，不妨到這裡休息充電一下再出發，若不喜歡咖啡，還可以選擇90號的名人茶藝館喝茶歇腳。如果還想繼續沉浸在藝文世界裡，多倫路上還有兩間很棒的美術館，鴻德堂附近的是上海多倫現代美術館，極簡線條的現代建築，在一片復古風中顯得特別搶眼，主要舉辦中國當代藝術展演活動；另一間奧沙現代藝術與理念館是棟白色洋房，之前是抗戰時期愛國知識分子王造時的寓所，現在則是現代藝術展覽館。

　　離開多倫路後，跟著Emma轉進另一條小路，是溧陽路，這條路和鄰近的道路氣氛完全不同，既沒有高樓大廈，也沒有觀光人潮，有的只是一股低調的寧靜。Emma說，這裡過去曾是虹口區的高級洋房區，但隨著時光的流逝，此處原有的優勢也逐漸消失，目前這一區並沒有改建計畫，所以還保有老上海的原始風貌，其實經過視覺的強烈衝擊後，就這樣輕鬆地散散步，是很不錯的心情轉換呢！

徐光啟與徐家匯

　　徐家匯是上海徐匯區的有名商業中心,許多百貨公司、購物中心等大型商廈林立,如果地面上的逛不夠,地下還有徐家匯商城可以繼續逛,是名副其實的購物天堂,也難怪很多女性友人來上海玩都喜歡將這裡排定在前幾天的行程,以免留下遺憾。不過我和Emma想要帶大家看看徐家匯的另一面,卸下奢華面紗後的樸實內在。

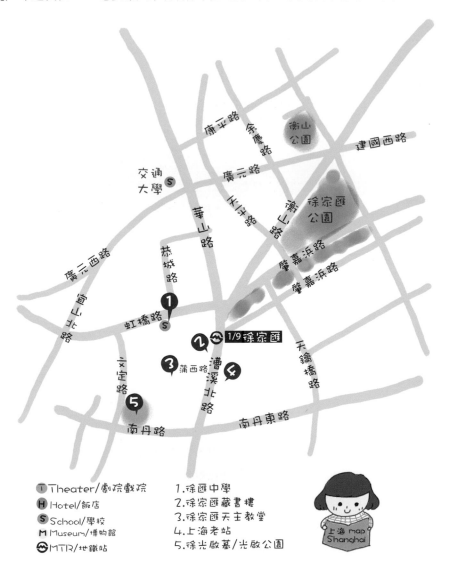

T Theater/劇院戲院
H Hotel/飯店
S School/學校
M Museum/博物館
MTR/地鐵站

1.徐匯中學
2.徐家匯藏書樓
3.徐家匯天主教堂
4.上海老站
5.徐光啟墓/光啟公園

上海 map
Shanghai

徐家匯的起點

　　徐家匯可以說是上海最早發展的區域之一，其名稱的由來則可上溯至明朝年間。由於明朝末年文淵閣大學士、著名的科學家徐光啟曾在此建造農莊，從事農業實驗並著書立說，逝世後便安葬於此，而其家族後代子孫就在此落地生根，於是漸漸形成一個集鎮，剛開始稱為徐家庫，又因為這裡地處肇嘉浜與法華涇兩水匯合處，故又得名「徐家匯」，所以徐家匯也漸漸從一個小集鎮慢慢擴大為大城鎮。徐光啟因接觸西方傳教士而對西方科學及天主教義產生興趣，從政之餘又隨利瑪竇問學，並與他合譯歐基里德的《幾何原本》，他在書中所創作的點、線、面、平行線等名詞沿用至今，而徐光啟也成為上海第一個天主

教友，徐家匯亦成了中西文化交流和上海天主教的發源地喔！

徐匯中學

　　位在虹橋路旁的徐匯中學，就在徐家匯天主堂旁，由於都是紅磚牆面的西式建築，所以很多外地人常誤認徐匯中學為天主堂，其實我們也是其中之一。Emma說，初次看到徐匯中學時，還高興地說真是壯觀的教堂啊！自從1849年法籍傳教士在徐家匯天主堂旁招收中國兒童講學，至今已超過一百六十年的歷史，而當初的學堂就是徐匯中學的雛形，因為其開啟了中西教育的先河，也被譽為中國西洋辦學的第一校，學校內部組織及管理方式仍沿用法國的教會學校制度，在國內外都有很好的評價，這裡也是中國許多優秀人才的搖籃。因為是教會學校的關係，再加上校園內多為西式建築，這氛圍還真令人錯以為到了歐洲的學校，校區內的校舍大多以紅磚牆面為主，1917年建造的崇思樓更被列為上海市優秀建築。1963年徐匯中學在台灣復校開學，所以新北市也有徐匯中學，兩所學校可以說是兄弟校。

Info
★徐匯中學（徐匯公學）
地址：虹橋路68號

徐家匯天主堂

　　徐家匯天主堂，正式名稱為聖依納爵主教座堂，是中世紀哥德風格的建築，紅色的磚牆、白色的石柱、青灰色的石板瓦頂，教堂前的兩座鐘樓高達60米，整體外觀宏偉莊嚴。徐家匯天主教堂以其規模巨大、造型美觀、工藝精湛，在當時被譽為上海的第一建築。1920年代以前曾經是上海最高的建築物，文革時期，教堂曾遭受嚴重破壞，一直到1982年教堂進行大修，鐘樓才勉強恢復原有模樣，可是一些被破壞的祭台、彩繪玻璃、管風琴等藝術珍品都無緣再見了。

　　其實天主堂真的是門禁森嚴，門口有一張告示明白指出哪些穿著不得進入，比如褲子或裙子長度沒有過膝不行、露出胳膊不行、拖鞋更不行，所以現在流行的一雙夾腳拖走天下是行不通的，幸好當天我們衣著簡單合宜才得以順利進入。走進教堂內光線陰暗，有種肅穆的氣氛，中間座位前有一排矮凳，是祈禱用的跪凳，有些人誤以為是腳凳就把腳放上去，馬上被教堂的人員勸阻，所以參觀時要切記別做出不禮貌的事。

　　這裡也是上海新人拍婚紗的景點之一，所以天氣晴朗的日子，有時會有好幾對新

人等著拍照。天主堂對面有一幢顯眼的白色建築物，原本是間荒廢多年的修道院，直到近幾年才被改建為本幫菜餐廳「上海老站」，除了菜色道地，其餐廳內有兩節有名的老火車廂，除此之外，店內的擺設布置都很老上海古典風，是家很有特色的店（本書第四步「我愛老房子」會再做介紹）。

Info
★徐家匯天主堂
地址：蒲西路158號
時間：周一至六09:00～11:00，13:00～16:00
備註：請注意穿著規定
★上海老站
地址：漕溪北路201號
電話：021-6427-2233

徐家匯藏書樓

　　徐家匯天主堂、徐家匯藏書樓和徐匯中學都和西方傳教士有關，也幾乎是同時期建立。鴉片戰爭後，約1847年左右，法籍傳教士來到徐家匯建立了天主堂，也在旁邊蓋了一排平房，並將其中幾間作為收藏西方典籍及搜集中文藏書用，由於藏書日漸豐富，於是

上海老站餐廳

對面就是上海老站！

吃肉啊！來吧！

在1897年重建了一幢兩層樓的白色洋房放置書籍資料，後來被定名為徐家匯藏書樓，一直沿用至今，其實性質很像少林寺的藏經樓。現在的藏書樓為南北交錯兩幢建築，北樓為大書房，即原本的藏書

Info
★徐家匯藏書樓
地址：漕溪北路80號
時間：周一至六9:00～16:30，
　　　免費參觀門廳及展廳

樓，南樓原為耶穌會神父住所，竣工後數度改建，1931年固定為四層坡頂外廊式建築。

光啟公園

光啟公園位在南丹路上，原名為南丹公園，1983年因紀念徐光啟逝世三百五十周年而改名為光啟公園，公園不大，四周大樓林立，彷彿是城市中的小綠洲。公園內主要是以徐光啟的陵墓為主，在陵墓入口有一個四柱門的石牌坊，上有仙鶴、雲朵等浮雕裝飾，經過石坊，陵墓前的神道旁有石翁仲、石馬、石虎、石羊等石雕塑，是古代一品

神道

徐光啟墓

光啟公園
值得一遊！

紀念明朝科學家，
徐光啟～

官員的墓制，而陵墓前的大十字架是徐光啟墓區的重要標誌，上海觀光局於1957年重修陵墓時一併復建的，上面還刻著拉丁文頌詞。再往內走就會看到徐光啟的陵墓了，墓地共有十個墓穴，分別葬著徐光啟和夫人吳氏，以及他四個孫輩夫婦，墓碑則是數學家蘇步青手書。在公園內還真有點忘了身在上海最熱鬧繁華的徐家匯，也許是陵墓的蕭穆氣氛，也許是樹木隔絕了外界的紛擾，站立在陵墓前有種不真實的感覺，三百多年前這裡是怎樣一個景像？

上海現存最古老的民居「南華春堂」是明朝江南宅第建築佳作，距今約五百年歷史，原座落於梅隴港南岸，2003年市政府將其遷建至光啟公園，作為「徐光啟紀念館」，陳列館前有一尊徐光啟的半身雕像，館內的家具擺設仿照明朝時擺設，相當古樸優雅，好像隨時會有個穿古裝的丫環踩著小碎步端茶出來。館內陳列許多關於徐光啟的著作及研究等珍貴史料，外面迴廊則有許多名家的手跡碑石，在這裡仔細逛上一圈，除了可以深入瞭解這一位中國卓越科學家的生平及貢獻，也可以更清楚他所處時代的歷史。逛完了也別急著走，很少人知道紀念館入口處的管理室其實有賣相關紀念品喔！我們幫喜歡集郵的父親大人買了一套紀念郵票，包裝及內容都相當精緻，送給喜歡的親友會是特別的伴手禮。

Info

★光啟公園
地址：南丹路17號

公園內的徐光啟紀念館

第二步　新上海灘記

浦東新區，是近年來上海新興的開發區，地處黃浦江東岸故稱為浦東，簡單說，就是一條黃浦江區隔了上海的過去與未來，浦西的老上海風華及浦東的新上海時尚。

從前的浦東地區農田綿延，完全乏人問津，老上海人甚至有種說法「寧要浦西一張床，莫要浦東一棟房」，一語道破黃浦江兩岸的迥異光景，而浦東當時的孤寂蕭條和現在高樓林立真是不可同日而語。浦東之所以能鹹魚翻身，是因為1990年當時中國政府做出浦東開放開發政策，宣布在浦東地區實行經濟技術開發，加快這個地區的發展，這一連串的政策也促使浦東在短短二十幾年內躍升為上海經濟特區，說真的，不得不佩服中國政府的鐵腕。而且根據近期中國市調，現在浦東不但是上海有錢人居住比例最高的地區，在這裡還有聞名全球的陸家嘴金融中心、奢華飯店與大型精品商場，真所謂風水輪流轉，浦東望著外灘的輝煌歷史望了幾百年，現在終於成了新上海的代表，有了屬於自己的舞台。

陸家嘴的摩天大樓群

目前第一,上海環球金融中心

　　與浦西的舊樓拉皮改建不同,浦東的新建築一棟接著一棟興建,雖然舊建築很有味道,但新大樓也同樣充滿特色。而陸家嘴金融貿易區除了是上海主要金融區

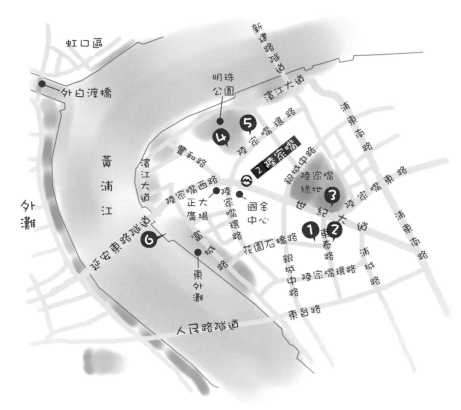

T Theater/劇院戲院
H Hotel/飯店
S School/學校
M Museum/博物館
◎ MTR/地鐵站

1.金茂大廈
2.環球金融中心
3.吳昌碩紀念館
4.東方明珠塔
5.上海海洋水族館
6.濱江大道

上海 map
Shanghai

之一，也是浦東地區最多特色大樓的地區，這裡有許多令人驚豔的摩天大樓，例如擁有許多第一頭銜的上海環球金融中心，特殊的開瓶器造型披上玻璃帷幕外衣，感覺很像是Alessi精品的超大版，不管在浦東或浦西總是大老遠就可以看見它的身影，因為Emma暱稱它為開瓶器，久而久之大家也習慣這麼稱呼它。上海環球金融中心樓高101層，總高度492公尺，是目前中國第一高樓、世界第一高飯店（79～93樓）、世界最高平頂式高樓、世界最高觀景台（100樓的觀光天閣）。不過現在大家都想爭第一的頭銜，環球金融中心隨時都有被超越的可能，光是預計2014年完工的上海中心大廈計畫完成樓高就有632公尺，真所謂不在乎天長地久，只在乎曾經擁有。

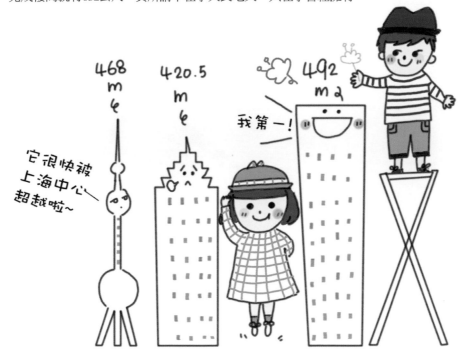

不會懼高的朋友還可以到上海環球金融中心100樓的觀光天閣參觀，透過懸空透明的長廊好好欣賞腳下的上海風景，可惜本人有嚴重懼高症，光是用寫的就已經讓我腳底發涼、手心冒汗，這樣的美景自然無法親眼目睹。

上海環球金融中心興建時還有一段小插曲，當初原設計頂樓風洞是採用圓形，可是

許多人認為由日本森大廈集團所設計的建築物很像兩把日本刀架著日本國旗，所以當地許多民眾基於愛國意識強烈反對，於是上海金融環球中心將圓形部分變更設計成為倒梯形，取「天圓地方」的概念，我是沒看過原設計圖，但現在這樣也滿好的。

金茂大廈與環球金融中心

我：上海環球金融中心高？
　　還是台北101高？
Emma：就實體而言，環球金融
　　　中心高於101(449.2公尺加
　　　60公尺尖塔)，但就美國
　　　權威建築機構標準，
　　　101高於環球金融中心。
我：這就像把頭髮梳高一點
　　看起來就高一點。
Emma：……

上海大鳳梨，金茂大廈

　　被環球金融中心所取代的金茂大廈目前是上海第二高樓，第88層的觀光廳是可以容納一千人的觀景台，這裡也是許多遊客必遊之地，從高340公尺的觀光廳可以360度欣賞外灘及浦東。金茂大廈是由美國芝加哥SOM建築事務所設計，其創意發想是來自於中國傳統建築寶塔的概念，不過Emma覺得它很像拉長的鳳梨，這裡除了可以登高看景，最特別的是此處的觀光廳設有郵政服務處，和東方明珠塔郵局一樣，都曾是中國最高的空中郵局，不過現在都被廣州的廣州塔超越了，但特製的金茂大廈明信片，蓋上金茂大廈紀念章，無論是寄給自己或親友，都是超有意義的紀念品。

百聞不如一見的東方明珠塔

　　在陸家嘴除了欣賞高樓大廈，別忘了還有上海地標之一的東方明珠塔，身為亞洲第一、世界第三高塔的殊榮，讓許多人慕名而來，設計者以十一個大小不同的球體連結，想要營造出白居易〈琵琶行〉中大珠小珠落玉盤的意境，不過我總覺得現代感

重了點。東方明珠塔在90、263、350公尺處各設有觀望台，不過既然身為上海重要地標，排隊上塔的人當然不少。如果只是想和東方明珠塔合影拍張紀念照，除了附近的天橋，Emma還帶我們去一個好地方，就是上海國際金融中心（IFC）的頂樓，在那裡不會有人向你推銷拍照，也不會有人在你按下快門的瞬間擦身而過，而且視野又好，若不趕時間，還可以選擇IFC的Ritz Carlton飯店裡的Flair酒吧，點杯飲料，近距離好好欣賞東方明珠塔及外灘的夜色。

東方明珠塔在2010年時曾遭雷擊，幸無大礙，才能繼續欣賞它的風采。

Emma：我覺得東方明珠塔有點像科幻小說中的太空艙。
我：我覺得比較像化學式的分子。
路人：那是大珠小珠落玉盤喔！
我及Emma：……喔，謝謝。

陸家嘴的每棟大樓都很有自己的特色，即使沒有特別的頭銜，純粹依欣賞的角度

吳昌碩紀念館

來看，兩個幾何圖形相加的中銀大廈、交銀金融大廈、上海國際金融中心等都是現代摩登的建築，望著望著真有點像劉姥姥逛大觀園，充滿新鮮感。欣賞完城市風光，還可以到鄰近的正大廣場或上海國際金融中心逛逛。

我：浦東有錢人真的比較多嗎？
Emma：看車就知道，這裡雙B是基本款。
我：……

高樓之外的綠點

如果逛累了想轉換心情，還可以散步到陸家嘴中心綠地透透氣，這水泥叢林中的一點綠點綴得恰到好處，擁有上海最大的開放草坪，可以買杯咖啡，隨興的席地而坐，體驗眾人皆忙我獨閒的悠哉。綠地中間的人工湖是依浦東地圖形狀所設計，有人說這裡最美的時候是夜晚，當夜幕低垂，周圍大樓的點點燈火亮起時，可以看到閃爍

陸家嘴綠地

的燈光映照在幽幽湖面上，那種悄然安靜的美難以形容，有機會一定要去看看。

在綠地入口處有一幢青磚黑瓦的中國風小樓，建於20年代，原名潁川小築，浦東人稱其為陳桂春住宅，廳堂內雕樑畫棟，樑上刻有整套《三國演義》故事，建築相當典雅，和這片綠地相輝映。這裡修繕後曾作為上海浦東新區陸家嘴開發陳列室，內有詳細資料及照片記載浦東改革開放的過程，新浦東展覽館建成後便光榮退役，2010年原設立於浦東華夏公園內的吳昌碩紀念館遷址於此宅，其實吳昌碩和陳桂春兩人是舊識，吳昌碩曾在此揮毫創作，遷來這裡也算相得益彰。

Emma上海小學堂

陳桂春及吳昌碩

陳桂春是上海地紳，以駁運起家的慈善家，因為東漢時代許多有德行的人如韓韶等皆為潁川人，故取名潁川小築寓意深遠。吳昌碩是清末民初的篆刻家，也精於書法及繪畫，晚年定居上海，被後世歸為海上畫派，2005年他的作品〈花卉十二條屏〉售價200萬美金，是近代最高價的海上畫派作品。

喜歡海洋生物或有小朋友同行的朋友，還可以到附近的上海海洋水族館參觀，館內有長155公尺的海底觀光隧道，是亞洲最大的水族館之一，有朋友說台灣屏東的海生館更勝一籌，其實我個人是覺得都很棒。只是上海水族館的票價高得嚇人，成人票一

張要價 160 RMB，應該是目前在上海買過最貴的門票了！

出外旅遊雙腳是最好的交通工具，但如果真的累了或懶了，這裡可以搭乘上海陸家嘴旅遊觀光環線，由東方明珠塔出發繞行陸家嘴中心區域一圈，全程約20分鐘，一人約15 RMB，好像還會贈送飲料一杯，讓旅客可以一邊喝飲料，一邊觀賞風景，而且坐的雙層巴士下層是一般座位，上層則是開放式車頂又配上桌子，感覺很像速食店，挺有趣呢！

Info

★環球金融中心
地址：世紀大道100號
★金茂大廈
地址：世紀大道88號
★IFC
地址：世紀大道8號
★正大廣場
地址：陸家嘴西路168號
★吳昌碩紀念館
地址：陸家嘴綠地
★上海海洋水族館
地址：陸家嘴環路1388號
★陸家嘴旅遊觀光環線
地址：東昌路渡口

被稱為沒見過世面的龍，陸家嘴龍年裝飾

世紀大道上的日晷

陸家嘴不是嘴！

關於上海有句俚語：「外灘不是灘，城隍廟不是廟，陸家嘴不是嘴。」根據上海地方誌的記載，由於黃浦江行經此地時會拐個將近90度的大彎，所以淤積形成一片灘地，從浦西看過來，很像一隻巨大的金嘴獸張大嘴在這裡喝水，加上明代的大文學家陸深的舊居在此，且陸氏祖墳都建於此，所以得名陸家嘴。

世博園．紅通通的中國館

　　2010年的上海世界博覽會已經圓滿落幕，不過原世博園區內仍留一軸（指的是世博軸，上海世博會主入口和主軸線）四館，中國館、世博主題館、世博中心、世博文

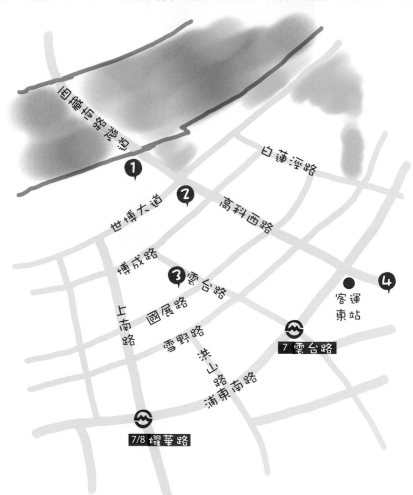

Ⓣ Theater/劇院戲院
Ⓗ Hotel/飯店
Ⓢ School/學校
Ⓜ Museum/博物館
Ⓜ MTR/地鐵站

1.Mercedes-benz Culture Center
2.月亮船(原沙特館)
3.中華藝術宮(原中國館)
4.一陽軒

化中心等展館供遊客參觀，搭乘世博專用線到世博站出來，首先映入眼簾的是一身紅的中國館，館內展示會動的清明上河圖是由台灣團隊所製作，曾在台灣巡迴展示，如果錯過了台灣的展覽，這裡還有機會。上海世博會場主要位於南浦大橋和盧浦大橋之間，是世界博覽會史上規模最大的，中國館從世博退役後變身為中華藝術宮，主要作為現代全球華人藝術精品的特大型美術博物館，也是以視覺藝術展示為核心的公共文化服務設施。

飛碟現身世博

　　遠看像個大圓盤飛碟的世博文化中心則正式更名為Mercedes Benz Arena（梅賽德斯奔馳中心），變身成為一個世界級現場娛樂演出、文化活動和體育賽事的頂級舞台，近年復出的王菲就在這裡開過演唱會。

　　沙特館是上海世博會代表沙烏地阿拉伯的展館，不僅是熱門展館之一，也是這次世博會投資最大的展館，規模僅次於中國館，展館的外觀是月亮船造型，屋頂還種植一百五十棵棗椰樹塑造出沙漠風情的空中花園，讓人感受一千零一夜的魅惑。沙特館

好美味!

一陽軒點心~

的另一大特色就是館內有一個世界上最大的IMAX3D電影院，它的360度螢幕足足有兩個足球場大，相當壯觀，而且這裡沒有設置座位，所以遊客可以自由走動從各個角度欣賞影片，感受身歷其境的震撼。2011年1月沙特參展方將沙特館捐贈給中國，同年9月正式命名為月亮館重新開放。如果錯過了世博覺得遺憾，可以來這裡重溫世博的風采，而且少了排隊的人潮，更可以慢慢看、慢慢逛。

Emma說，世博園區的所在地曾是上海市中心最後的大型工業區，就像浦西的里弄石庫門是上海民居的時代記憶，這裡的老廠房也寫下了中國製造業歷史上輝煌的一頁，包括號稱中國工業搖籃的江南造船廠，就是從這裡開始發芽茁壯。

逛完世博如果不想在園區內用餐，可以去高科西路附近的一陽軒飲茶，這間店很隱密，隱身在老辦公大樓中，如果沒有人帶路還真會找不到門路，Emma以身為香港媳婦的身分給這家店相當高的評價。第一次去時，我們一行人站在高科西路旁納悶這裡真的有餐廳嗎？可是Emma拍胸脯保證不會讓我們失望，吃過後真的還不錯，而且價格不貴，只是這裡有一種特別的氣氛，很像港劇裡大哥常去的店，算是在地人才知道的神祕好店。

yummy~

我：這裡真的不是堂口嗎？（左顧右盼）
Emma：你想太多了。
我：……（東張西望）
Emma：別再想像了，快吃飯！

好吃! 好吃!

尚电大厦
SHANG DIAN PLAZA
高科西路551号

用過餐後，可以到滬南路的北蔡農產品批發市場採買一些新鮮水果幫助消化。這裡的店家大多會提供試吃，只是大家吃完都隨手往地上扔，Emma說她第一次來時，對於隨地丟果皮會不知所措，畢竟我們所受的教育是不要亂丟垃圾，不過店家似乎也看出她的窘樣，還熱心的告訴她丟地上就好，其實環顧四周，垃圾桶真的少得可憐，要入境隨俗又掙扎，只好自備小垃圾袋囉！不過來到這裡還是得貨比三家，加上殺價，而且就算老闆拿新的一盒給你也是要試吃一下。Emma說，雖然不想太小心眼，可是有一次她買完沒檢查，結果買了10斤過熟的櫻桃，而且因為過熟發酵而有酒味了，只好忍痛捨棄，所以她一直叮嚀我們要檢查。

我：買水果除了新鮮，還要注意什麼？
Emma：檢查！檢查！再檢查！
我：你真的很捨不得那些櫻桃。

龍華寺‧遇見千年古剎

看過前衛、未來感十足的世博後，不妨搭車前往鄰近的龍華寺感受佛教聖地的莊嚴雄偉，也順道欣賞這千年古剎的祥和之美。

龍華寺始建於三國時期，是東吳孫權為孝敬其母親而建造的，並依照佛經中彌勒菩薩於龍華樹下成佛的記載而取名龍華寺。這佛寺唐朝時曾被毀壞，北宋初吳越重建，元末明初再次被毀，明朝永樂年間再次重建，清咸豐、同治年間又遭戰火損毀，後來經僧侶募捐，才在光緒年間修復完成，可是文革時卻又不幸遭逢紅衛兵破壞寺內佛像和建築，真

Info
★世博園區
地址：上南路與雪野路
★一陽軒
地址：高科西路551號6樓
　　　（近雲蓮路）
電話：021-5880-1858
★北蔡上海農產品批發市場
地址：滬南路2000號

是命運坎坷，但相對也顯現出人們的虔誠與毅力，如今我們才能有緣再看到龍華寺的風采。

龍華寺可以說是上海地區歷史最久、規模最大的佛寺，將近一千七百年的歷史，也看盡朝代的興盛衰敗，龍華寺的建築格局是中軸線排列有六進殿堂，其中第一殿為彌勒殿，殿堂正中供奉著笑口常開的彌勒菩薩，莊嚴慈祥的面容彷彿問著芸芸眾生何愁不開悟；另外還有天王殿、大雄寶殿、三聖殿、方丈室和藏經樓，而大雄寶殿是主殿，供奉著三尊金身的華嚴三聖。除此之外，寺內有名的龍華塔建於北宋太平年間，是標準的宋塔，共有七級八面，塔檐翹角，十分美觀，而天王殿東西兩側的鐘鼓樓也是寺內一大特色，龍華晚鐘可是明清時期的滬城八景之一。

我們的父親大人是虔誠的信徒，平常也很喜歡到佛寺廟宇祈求平安。他常跟我們說，清香不在多，禮數不繁雜，誠心最重要，所以當想尋求心靈平靜時，不妨一柱清香和一份誠心，相信一切都會否極泰來。

Info
★龍華寺
地址：徐匯區龍華路2853號
　　　（近龍華西路）

外灘遊江 · 夜遊黃浦江

　　若不會暈船，其實夜遊黃浦江是同時欣賞外灘和陸家嘴夜景的不錯選擇，而且遊江前可以先沿著濱江大道散步，好好欣賞外灘的日落美景。與浦西外灘的古典優雅不同，濱江大道旁的建築景觀則充滿都市的現代感，有時會覺得外灘和陸家嘴，就像家世背景不同而不能在一起的戀人，只能隔著江水遙遙相望。

　　濱江大道，又叫上海東外灘，全長2.5公里，這裡由親水平台、斜坡綠地、景觀道路組成有層次的風景，無論是白天的悠閒安逸，或是夜晚的絢麗燦爛，都已經是濱江大道美麗的風景。其中濱江1號的濱江花園內有許多頂級餐廳，若不擔心預算，也可以犒賞自己，來頓奢華的賞景大餐，近距離慢慢享受視覺與味覺的盛宴。

　　如果時間充裕，不妨到上海國際會議中心參觀，兩個繪有世界地圖的玻璃球體設計，氣勢雄偉而獨特，與鄰近的東方明珠有相對應的和諧，也是浦東的地標之一，尤其在夜晚萬燈齊放下，更是絢麗迷人，這棟建築還被評為「建國五十年十大經典建築」之一，許多重要會議都曾在這裡舉辦，如2001年APEC領導人高峰會等大型會議。

　　如果想從這裡到浦西外灘，可直接搭乘外灘觀光隧道（本書第一步「老上海流金歲月」中曾介紹過），地點就位在上海國際會議中心旁，來回兩岸只要幾分鐘又不用人擠人，是相當省時有效率的交通工具，只是有人覺得貴了點，才一晃眼人已經到對岸，總之，有興趣的人可以嘗試看看，體驗短暫的時空旅行。

　　另項熱門觀光行程則是搭乘遊艇遊江，從東方明珠塔遊船碼頭啟航，再經由公平路開始旅程，一路上可盡情欣賞外灘萬國建築群的優美及陸家嘴大樓群的雄偉，尤其夜幕低垂時，兩岸燈火通明所營造出來的綺麗景致，如夢似幻，還真令人百看不厭。接著遊艇會行經十六鋪，再沿著濱江大道回到碼頭，一趟行程約需45分鐘，單人票價約100 RMB，也有些豪華點的遊江行程還會附餐點，但票價相對會比較高，不過也是令一種選擇。

info
★上海國際會議中心
地址：濱江路2727號

第三步

香港之後、上海繼續散步

上海尋寶

　　中國人有句老話：「飯後百步走，活到九十九。」可見散步是對人體最溫和且
有益的運動，如果可以邊散步邊尋寶應該會讓走路這件事變得更有趣，這也是延續
Emma在上本書《轉轉香港》裡的宗旨，讓我們用輕鬆的方式逛遍上海的大街小巷。

1 黃陂南路
3
淮海中路
黃陂南路
淮海公園
普安路
西藏南路
東台路
1
淡水路
雁蕩路
重慶南路
太倉路
南昌路
興業路
淡水路
馬當路
2
黃陂南路
濟南路
自忠路
太平橋公園
8/10 老西門
東台路
復興中路
10 新天地

T Theater/劇院戲院
H Hotel/飯店
S School/學校
M Museum/博物館
MTR/地鐵站

1. 東台路古貨市場
2. 新天地
3. 尚賢坊

新天地建築瑰寶

　　即使沒來過上海，應該也耳聞過新天地的大名，來到這裡感覺有點像宮崎駿動畫才會出現的場景，只是背景不是歐式建築，而是有著濃濃中國風的石庫門建築，一長排的餐廳外排滿了戶外桌椅，遊客們悠閒地坐著談天、休息，又像巴

黎左岸咖啡館外的景象，新天地就是這麼一個有點夢幻的城市景點。

　　上海新天地建成於2001年，原本這裡只是個石庫門里弄住宅的舊社區，然而自1990年代開始，上海經濟起飛，所以許多這類型的舊社區都被拆除重建，而規劃重建這個小區時，負責的設計師匠心獨具，不但保留舊上海的特色建築元素，再大膽地融入新的主題概念，使得新天地成為引領時尚的新景點，吸引著眾人的目光。除了被公認是中外遊客領略上海歷史文化和現代生活型態的最佳去處，新天地的成功讓本已走入歷史的石庫門重生，也開啟了上海社區重建的風潮。如果想瞭解上海石庫門歷史，不妨到石庫門屋里廂，裡面有詳盡的解說和介紹，此外，在本書第五步「上海的美食與文化」會提到石庫門建築的歷史。

　　白天的新天地是一個優雅的休閒步道區，而到了夜晚又變身成為上海時髦的夜店區，許多穿著時尚的男女穿梭在里弄巷道間，追逐著稍縱即逝的青春。不過每次來新天地都會有點感觸，覺得台灣的老街改建真該觀摩一下新天地的成功，畢竟社區營造並非一時興起，而是需要長時間的經營，不是隨波逐流來個什麼節或什麼季，是要依據當地文化特色塑造出屬於社區的獨特魅力，才能吸引遊客的青睞，希望不久的將來也可以看到屬於台灣的新天地。

星巴克上的剪紙風裝飾可是出自李守白大師!

Emma：晚上要不要去新天地小酌一杯？
我：誰要幫我帶小孩？
Emma：差點忘了還有小朋友，那你在家，
　　　我們出去聚一下喔！
我：你……

info

★新天地
網址：www.xintiandi.com/xintiandi/cn

用餐後，別忘了索取發票

Emma上海小學堂

　　一般在上海購物用餐，店家都會給發票，不過有些不肖業者可能為了逃稅，如果顧客沒有主動要求，他們會假裝忘記，或是推說發票用完了。其實一定要記得索取發票，因為上海的發票右上角有一個立即刮刮樂賺現金的獎區，雖然多數機率是「謝謝你」，但有位北京的朋友曾中過1000 RMB喔！真是令人羨慕，下次消費記得試試手氣。

東台路古貨市場淘寶

　　從新天地到東台路約15分鐘的步行時間，卻彷彿從現代時尚的上海走回舊時光的老上海，東台路並不長，Emma說很像北京的潘家園，我沒去過北京，只大約知道那裡有號稱全中國最大的舊貨市場，希望有機會也可以去那裡逛逛，不過這是題外話了。Emma覺得東台路有種時空凝結的感覺，有點像台灣的賊仔市，就是專賣一些舊

貨的攤子聚集的市場，不知不覺會有種懷念的感覺，這裡有些店家賣的是一般家庭的生活用品，有些賣的則是號稱古玩的仿古器具，道路兩旁還有許多仿古家具店，來到東台路，如果時間充裕，悠哉地走走看看，還滿有雅士之風。

懷舊的古早味

　　東台路古玩市場又被喻為「上海琉璃廠」，和北京著名的古董街琉璃廠南北相呼應，這裡原本是一些喝早茶的茶客交換自己收藏小古董的地方，慢慢發展成

現在我們所看到的規模。東台路古玩市場大多以經營舊工藝品為主，如果你是專程想來買古董，奉勸你別來東台路，因為這裡賣的大多是工藝品，其中仿古物品居多，若想找到真正的古董品，說真的必須獨具慧眼才有辦法。目前來逛東台路主要以觀光客居多，慕名而來的外國觀光客也不在少數，所以來東台路逛，最好是帶著一顆輕鬆的心，不需抱著太大的期待，在走走逛逛之間，打動你心的舊物會適時出現，那是一種福至心靈的感覺，而你自然就會知道要買什麼了。

根據我個人的經驗，其實喜歡的東西會很類似，所以每次來這裡往往還是會挑選很相似的物品，我和Emma倒很是喜歡那種在成堆舊物中尋寶的感覺，摸摸歷經滄桑的皮箱，或是看起來很有歷史感的陶瓷。除了古玩，仔細一看會發現連兩旁的房屋看起來都充滿古樸的色彩，很像台灣的旗山老街或大溪老街會看到的街頭景致。

來東台路前，Emma先替我們上了一課「東台路教戰守則」，她說這是她遊歷大江南北，花錢買來的血淚經驗，我們一定要切記在心。

東台路教戰守則：

守則第一條，貨比三家，通常路口第一家比較貴，也較難殺價，而且店家會裝得
很可憐，如果你這時候心軟了，那逛完後絕對會想揍自己的心肝，
所以這時候你要走開去別家看看，別忘了你貨比三家時，店家也在
偷偷觀察你，根據經驗他們這時會主動降價喔！

守則第二條，收起同情心，雖然對善心人士而言這有點難，但商場如戰場，千萬
不可有一絲的憐憫，尤其看店的如果是老爺爺或老奶奶，當老人家
用哀怨的口氣推銷時，往往會容易心軟而想說算了不殺價，所以務
必武裝自己的心喔！

守則第三條，砍價至少砍一半，Emma說自從上次和小妹逛完東台路之後，除了
見識到她的殺價功力，也才知道自己還是不夠狠，因為當她們倆逛
到一家價位不低的店時，剛好有人拿舊物去賣，結果一個很不錯的
復古電話竟只賣5 RMB，她們除了當場傻眼，也不再相信店家說沒
利潤之類的話了。所以總歸一句話，殺價至少要砍一半，至少喔！

守則第四條，講好價不能反悔，這是攸關性命的守則，所以千萬要銘記在心！
Emma說她有一個朋友在北京的古玩市場跟店家講好價後，突然覺
得還是太貴就不買了，結果差點被店家追著打，所以不要隨便出
價，一旦店家同意你就得買了。由於Emma跟我講了這經驗，所以
當店家問我多少錢要買時，我會緊張得支支吾吾不知該如何回答。

我：你看我買了這個，才15 RMB！
Emma：你上次不是才買10 RMB？
我：啊！我怎麼忘了！
Emma：那就當作物價上漲吧！
我：可是我都有遵照你的教戰手則啊！（哀怨）
Emma：我……

這次東台路戰利品還是以小東西為主，有小人書、陶瓷小物、景泰藍、良友畫報風的明信片等，太貴的我們也下不了手，有時購物就是買個回憶吧！

東台路的小小寶藏

雙囍掛飾　計時器　復古海報

仿古木盒　小人書

　　逛完東台路和新天地，可以順路到介於兩者之間的太平橋公園散散步、歇歇腳，感受一下綠意，天氣好時或許會碰到出來曬太陽的貓咪們。Emma說她剛來上海時，還曾在這裡為了小朋友用玩具槍射貓，狠狠教訓了他們一頓，其實我們家的人是很友善的，只有碰到欺侮小動物的人才會有一點點凶！

偶遇台灣設計，IWAS

　　記得有一次我和Emma逛完新天地後，突然決定來個隨興散步，沒有特定目的地，也不趕時間，單純邊聊天邊散步邊欣賞風景，晃到淡水路時突然被IWAS的櫥窗吸引，進去一看才發現是來自台灣的設計品牌，店員雖不是台灣人，但對台灣倒是很熟悉、也很親切。這家小店的布置相當簡單，東西都頗有質感，其中有一系列是由牛骨雕刻的書籤、手機吊飾等隨身小品，讓我們倆愛不釋手，如果有機會來到淡水路，不妨繞過來和同樣來自台灣的朋友打聲招呼。對了，我們那天究竟走到了哪裡？答案是田子坊，而這樣的路程有多遠？建議你有機會可以親自試試看就知道喔！

Info

★東台路古貨市場
地址：東台路與自忠路口
★IWAS
地址：淡水路203號

來中國，不能不淘之寶

　　中國因為人力較便宜，所以快遞業非常發達，尤其現在大家都喜歡在網路上購物，不出門貨品就可送到家，相當便利。而這裡最熱門的購物網站則首推淘寶網，記得剛到上海時，幾乎身邊朋友都大大讚美淘寶網的好，不過一直到半年後，我才開始領略淘寶的棒，常常半夜還在網上淘，連家人來上海也可選購再帶回去。現在淘寶網有些也可以在台灣便利商店收貨了，所以有機會不妨來淘淘，也許真的會淘到寶，只是購物還是得量力而為喔！

文廟路古書街尋寶

　　上海文廟是上海區域唯一祭祀孔子的廟宇，位於上海老城廂，已有七百多年的歷史。文廟始建於元朝，文革時期部分建築曾被拆除，直至1997年經全面大修，才大致恢復清朝時期的格局，主要作為祭孔、展示中國文化的場所。

Ⓣ Theater/劇院戲院
Ⓗ Hotel/飯店
Ⓢ School/學校
Ⓜ Museum/博物館
Ⓜ MTR/地鐵站

1. 文廟路動漫文具街
2. 文廟(孔廟)

文廟內的廣場在周六、日，固定舉行古書市集，進去前廣場得先買門票，如果要進入祭祀孔子牌位的大成殿，則要再花10 RMB才能進去參觀，真是層層關卡。當天我們參觀時，有兩位外國人以為花1 RMB門票就可以參觀全程，所以就直接走進大成殿，看門的大嬸用中文對他們說要買票，可是他們聽不懂，結果大嬸竟然就讓他們進去了，想不到語言的隔閡竟會有這等好處，突然有種衝動想裝作聽不懂就走進去，可是在至聖先師孔子面前我們豈可寡廉鮮恥。

文廟的古書市集相當有趣，我和Emma都愛看書，所以看到這麼多書真的很興奮，這裡的小人書比東台路的齊全、也完整，連我女兒都愛不釋手，只是有些簡體字她看不懂，但光看圖畫她也看得津津有味，圖畫果然是無國界的。

文廟前的文廟路是許多古書、小店及文具店的聚集地，感覺有點像未整修前的高

非常齊全的小人書！

姐姐～很專注排書中！

舊書市場！

雄新崛江商場加舊書店，而這裡的建築跟東台路很像，沒有特別豪華美麗的建築，有的只是純樸的老房子，但卻會讓人有種懷念的感覺，很像早期的台灣街屋。這裡店家賣的大多是小吃或小東西，都是學生會喜歡的東西，可能是因為莘莘學子會常來文廟祈求學業進步，所以帶動了此處的年輕商圈。我和Emma感興趣的是這裡的文具店，雖然店門口不甚起眼，也沒什麼裝潢，更沒有台灣連鎖文具店的規模，但是小小的店內應有盡有，而且都是時下流行的新樣式，品質也不錯，而最大的優點是便宜，所以店內擠滿了年輕人。以上海的物價而言，這裡真可算是物美價廉，結果我們每次來都在這家文具店逗留了快一小時才依依不捨地離開，當然也帶了不少文具。

文廟文具店的大型迴紋夾！

Emma：Joe說女生真的很愛買，連文具也可以買這麼多。（Joe是Emma的先生）
我：奇怪，這些筆不是我買的，是你嗎？
Emma：へ，也不是我買的，會不會放錯了？
Joe：不好意思，是我買的。
Emma：到底是誰比較愛買？

巷弄間的創意

上海除了迷人的建築、豐富的歷史文化及奢華的精品時尚，吸引人駐足的還有她穿梭在城市裡的小巷里弄。Emma常說，若非舊里弄的房子太老舊了，需要花費很多

○ Theater/劇院戲院   1.田子坊
Ⓗ Hotel/飯店   2.靜安別墅
Ⓢ School/學校   3.嘉善老市
Ⓜ Museum/博物館
Ⓜ MTR/地鐵站

心思及精力整修，還真有點衝動想住看看，真實地感受老上海人日常的每一天。Emma有位朋友就住在里弄中整修過的老房子，聽他說一早上班時，還會有在門口刷牙洗臉的阿伯、大嬸對他打招呼，真是非常老上海style，也讓我想起周星馳的電影《功夫》裡的大雜院。

這幾年來，上海漸漸著重於社區改造，將這些有趣的里弄建築規劃成住商混合的新式社區型態，其中以田子坊最為人所熟知，而近幾年來，靜安別墅區也漸漸成為田子坊第二。

泰康路田子坊

建國中路 115弄

155弄

瑞金二路

二井巷

⑨ ⑥
⑧ ⑤ ③
⑬ ⑩ ⑦ ④
248弄 248弄
⑪ ②
●泰迪熊之家
⑮ ⑭ ①

⑫

城市山民.弄 ● 逸飛之家●
(陳逸飛工作室)

天成里 樂天
248弄 陶社 ●210弄 200弄
274弄 泰康路

上海map
Shanghai

1.漢源書店　　8.丹
2.守白藝術　　9.雅童小舖
3.esydragon　10.SH Deco
4.公社咖啡　　11.興璣手工
5.Pureland　　12.東囍
6.Store in　　13.寶珠奶酪
　　the box　 14.喜空
7.天空音樂盒　15.氣味圖書館

　　走到泰康路與瑞金二路口時，會先看到一長排矮房子，矮房子裡都是一家家小巧的店，這裡就是田子坊。幾年前中國著名畫家陳逸飛利用這裡的廢棄倉庫當作工作室，沒想到泰康路竟一夜成名，之後許多藝術家包括爾冬強等也陸續進駐，一條默默無聞的小街頓時成了藝術街，藝術文化也慢慢滲入這個小里弄，中國知名畫家黃永玉先生則幫這舊弄堂取了個雅致的名字——田子坊，再經過上海市政府的規劃改造後，如今泰康路已經成為中外視覺創意設計團體爭相進駐的熱門地區，但眼下的田子坊似乎少了點純粹的藝術味，卻也多了些熱鬧的商業氣息。

田子坊的趣味迷宮

　　田子坊的另一種獨特魅力，就是保留了原汁原味的上海里弄特色，這裡的建築不但沒有被破壞，而且還有一部分民宅仍生活其中，與店家融合在一起，照樣依日昇日落過著自己平實的每一天，所以偶爾會看到三三兩兩的老居民拿張椅了聚在一起聊天。只是隨著田子坊越來越多觀光客拜訪，這樣的景象也漸漸消失，不知是否我們這些觀光客打擾了居民的安寧，如果是，只能誠心地向他們說聲抱歉。

　　每個初到此地的朋友應該都會有相同的困擾，就是迷路。說真的在這蜿蜒曲折的巷弄裡確實很容易迷失方向，不是繞來繞去都在同一個地方，就是想回到原來的地方卻找不到方向，特別是對我們這種缺乏方向感的人而言，更是昏頭轉向，但迷路也並非全無好處，有時走著走著會在轉角處發現新的驚喜呢！

☆TIANZI FANG

　　店家雲集的田子坊，街道與巷弄交錯穿插，好似隱藏在城市裡的迷宮，隨著每次的探訪都會有不同的巧遇，倒不是因為遇到新開的店家，而是不小心迷路的有趣驚喜。遇見位在248弄的TIANZI FANG就是一個美麗的意外，因為原本要找的店家沒找到，卻意外發現了這間充滿北歐風情的小店，就像名片上所寫的Mini Store，TIANZI FANG是一家小店，但店內陳列的商品可是會令人愛不釋手喔！

☆氣味圖書館

　　或可說是田子坊裡最特殊的店，除了名字特別，這家專賣氣味的小店其實是家陳列各種氣味的店，店內總共有三百多種味道，就像是以味道分類的圖書館。Emma說，很多大明星也喜歡來這裡挑選特別的氣味，有機會還可能與大明星不期而遇，不過不知道明星喜歡買些什麼氣味，增加人緣的氣味？還是增進演技或歌藝的氣味？不過我想最需要的可能是讓人疏解壓力的氣味吧！不知氣味是否會像徐四金的小說《香水》中的情節一樣，可以藉由調配出各種特殊氣味來左右人的意志。

☆喜空

　　是家慢遞明信片店，簡言之，就是可以寫張未來明信片給自己或親友的專門店。掛滿繽紛信箱的店門口已經明顯地暗示這是家傳遞訊息的店，入內後可以選張自己喜歡的明信片，無論是寫下未來的心願給未來的誰，或是寫下此刻的心情告訴未來的誰，都是很有趣的一件事，寫完明信片也可以到二樓喝杯星座茶。

☆Chouchou Chic（雅童小鋪）

　　很多人經過這家店時，都會忍不住發出「哇！好可愛呦！」的驚嘆聲，因為這

家童裝專賣店裡展示著各種花色圖案的女孩旗袍，每件都漂亮又有特色，其實這家店在上海有很多間分店，光田子坊就有兩家店，可見其受歡迎的程度，幾乎每次來時小小店內都擠滿了人。Emma送我女兒的第一件旗袍就是在這裡買的，之後我們又陸陸續續買了好幾件，小女孩穿著小旗袍的樣子十分可愛。店內還有別種款式的童裝，大多帶點中國風的色彩，很有型喔！不過你可能會發現在別的地方也會賣和Chouchou Chi同款花色的旗袍，價格卻便宜很多，但如果仔細比較便會發現材質其實差很多呢！

☆東囍

　　這家店的位置就在248弄底，聰明的店家也知道遊客常會找不到方向，所以特地掛上大大的布招牌吸引客人的目光，當你正猶豫該逛哪裡時，就會不自覺的被店名所吸引了。店內主打商品多是富有中國風的設計，Emma喜歡的ZEN商品，這裡也有陳列販售。

☆興穆手工

　　這家位在258弄轉角的手工皮革店，是由三位熱愛搖滾樂的青年所合作創造的品牌。這裡賣的筆記本，大部分來自牛皮紙、麻繩、木頭、布等組合而成的手工產品，其他小東西的原料也都是來自平日生活上容易被忽略的素材，充滿個人色彩和環保概念。Emma第一次遇見興穆手工是在北京，田子坊的店是分店，因為她很喜歡這種純樸又帶有中國風的物品，所以這裡也是她來此必逛的小店。

☆esydragon

　　如果想要買些一般觀光客會買的小禮品，那來這

裡準沒錯，無論是貓熊紀念品或老上海風的禮品，這裡應該都可以滿足需求，即便是我們來到此，還是會想買幾樣應景的小東西回去。

☆天空音樂盒

　　店裡擺放著各式各樣旋轉不停的八音盒，空氣中流動的是宮崎駿的動畫「天空之城」的配樂，有種夢幻的感覺，真是幸福啊！Emma知道我很喜歡音樂盒，所以來到田子坊便迫不及待的帶我逛這家專賣音樂盒的主題店，店內的八音盒都是店主從世界各地收集而來，在這裡，每個音樂盒都演奏著自己的主題曲，聽著聽著，會讓思緒拉回童年無憂無慮的時光。

☆守白藝術

　　田子坊當初創立的用意，就是希望提供藝術創造者一個可以展示個人創意的空間，雖然現在的田子坊日趨商業化，但是仍有許多很棒的藝術空間值得探訪，守白藝術就是其中之一。這簡潔的空間裡展示了許多大幅的剪紙藝術品，令人嘆為觀止，無法想像剪紙竟然可以提升成一幅如此美麗的畫，而作品大多以老上海的里弄或人物為主題，很有獨特韻味，不過價格不便宜，如果想收藏卻買不起，也可以買剪紙作品翻拍的明信片，加個畫框就是一幅風景了。李守白1962年出生於上海藝術世家，從小開始學習剪紙和繪畫，他的作品不但顏色構圖豐富，還蘊藏著老上海的風情和內涵，是許多外國來的遊客喜歡選購的藝術品。

這是李守白大師的田子坊剪紙藝術！很棒喔！

田子坊的美味地圖

　　田子坊的咖啡店和餐廳其實都別有特色，而且兩三步就一家，在這裡不需擔心逛累了沒有地方歇歇腳，反而會猶豫該選哪一家喔！

☆公社咖啡

　　充滿紅色的文革風布置，店內處處可見文革時期的海報、裝飾，但店主人卻是個澳洲人，不知是什麼樣的機緣讓他獨鍾這激進的紅色氛圍。這家咖啡館有個很大的庭院，天氣晴朗的周末，會有許多老外在此聚會，店內還用暖瓶盛裝南瓜湯，相當別出心裁，讓人也想買個暖瓶回家裝茶水。不過有別於咖啡店通常較晚才開始營業，公社咖啡的開店時間很早，如果哪天起個大早，不妨來這裡享用美味早餐，為田子坊之旅掀開序幕。

公社咖啡

☆丹

　　老闆是日本人，這家手工咖啡坊結合日式家庭料理的小店，小小的三層樓，一走進店家馬上會被撲鼻而來的香氣所吸引，二、三樓則是餐區，這裡的樓梯真不是普通的狹窄，所以行走時要小心點，不過店雖不大但布置得相當舒適，隨處放置的老家電、煤油燈讓店內營造出溫暖的感覺。其實比較起來，這裡的價格稍高一些，但餐點美味可口，尤其是老闆精心挑選和堅持的咖啡，更是吸引許多咖啡愛好者前來品嘗。來這裡，就算不用餐，點杯咖啡搭配提拉米蘇，也是一大享受。

公社咖啡的南瓜湯，用復古暖水瓶裝的喔！

公社咖啡

丹

☆寶珠奶酪

　　是家位在小巷中的甜品店，小巧的店面，賣的東西卻大有來頭，據說這類似優格的奶製品是以前宮廷的一種獨特甜點，嘗起來有些微的米酒香，酒量不好的人吃多了可能會有些暈，所以應該算是大人口味的甜品。不過Emma推薦店裡的杏仁豆腐，濃郁的杏仁味配上細緻的口感，冰冰涼涼，很適合夏天來上一碗。

　　然而，越來越熱鬧的田子坊競爭激烈，也反映出經營不易，本來要介紹的漢源書店就因為租金太高而決定歇業，漢源書店的老闆是知名的攝影師爾冬強，他同時也是田子坊的創辦人之一。其實漢源書店有很多家，這裡只是其中一家，原本書店除了有固定展覽，還會展示爾冬強的攝影作品，充滿藝文氣息，如今吹熄燈號總讓人有種無奈感。

我：爾冬強不是演員嗎？想不到他還會攝影！
Emma：你說的是「爾冬陞」吧！
我：……

步出田子坊，位在對面顯眼的建築物就是楊惠姍和張藝的上海琉璃工房琉璃藝術博物館，雖然稱為博物館，但感覺比較像時髦的複合主題餐廳，突出的外型設計，好像蝴蝶紛飛的建築，不禁讓人聯想到世博的西班牙館。其實琉璃工房博物館2006年時曾在新天地開幕，

但不知什麼原因關閉，2010年轉換陣地在田子坊重新開始，似乎也見證了上海的變化無常。

喜歡傳統點心，也可以到日月光B2美食廣場的小楊生煎包用餐，不過小楊生煎包的生意很好，用餐時間常常是大排長龍，所以要有等待的心理準備，否則就盡量避開午餐時間。

Info

★TIANZI FANG
地址：泰康路248弄49-2號
★氣味圖書館
地址：泰康路274弄16號
　　　（靠近瑞金二路方向）
★喜空
地址：泰康路274弄15號後門
★Chouchou Chic（雅童小鋪）
地址：泰康路248弄47號
★東囍
地址：泰康路248弄11號

★興穆手工
地址：泰康路258弄34號鋪
★esydragon
地址：泰康路248弄51號102室
★天空音樂盒
地址：泰康路248弄35號後門
★守白藝術
地址：泰康路210弄4號-2
★公社咖啡
地址：泰康路210弄7號
　　　（靠近瑞金二路）
電話：021-6466-2416
時間：08:00～00:00

★丹
地址：泰康路248弄41號後門
電話：021-6466-1042
時間：10:00～00:00
★寶珠奶酪
地址：泰康路248弄31號後門
　　　（Cash only）
時間：10:00～22:00
★琉璃工房博物館
地址：泰康路25號
★日月光中心
地址：徐家匯路618號

鬧中取靜的靜安別墅

　　不若田子坊的熱鬧喧囂，同為舊社區改造的靜安別墅卻低調安靜，就像張愛玲筆下的《紅玫瑰與白玫瑰》，一個安靜清純，一個熱情奔放，至於到底哪個比較好就是個人的體會了。即使位在繁華的南京西路旁，卻仍保有社區寧靜感的靜安別墅，如果不是刻意前往還真的會不小心錯過，而這個目前上海現存規模最大的新式里弄正有一股文藝風潮在蔓延中。

　　靜安別墅過去曾是英國人的馬場，1926年時，蔣中正先生的老師張靜江家族買下這塊土地，並在這裡建造靜安別墅，1932年竣工時，這裡是許多洋行白領階級的購屋首選，也有許多社會名流選擇在這裡居住置產，如蔡元培、于右任、孔祥熙等都是住過這裡的名人；2009年靜安別墅區採用「以舊補舊」的全新方式，用同一年代的紅磚來修補牆面，還給老建築原始的風貌，所以

這裡也有刮刮樂

十二排、將近兩百棟的清水紅磚建築煥然一新。近幾年來，許多書吧、咖啡館、奶茶店等陸續在靜安別墅中開張，形成一股風氣，也使得這區域漸漸聚集越來越多的小店，融入當地里弄的居民生活。不過據說這裡的許多居民並不想成為田子坊第二，反而希望還給他們平靜的生活空間，所以靜安別墅區的未來發展或許還不確定，但至少現在當我們拜訪這裡時，請盡量別干擾到居民的生活喔！

靜安別墅尋寶地圖

1.小雞啄米
2.夏布洛爾咖啡館
3.弄堂雲吞
4.雜趣

綠色圓框中的數字是門牌號碼喔！

喜歡里弄閒尋寶散步，一定不可以錯過靜安別墅！

☆雜趣

　　店如其名，充滿著各式各樣的雜貨小物，有實用的木製餐具、可愛的木貓裝飾、復古筆記本等生活物品，每次來逛都有新鮮貨，喜歡日式小雜貨的人應該會愛不釋手。看店的不知是不是老闆，態度非常親切，如果不是老闆，那他很幸運挑到一位好員工。

☆小雞啄米

　　賣的則是充滿童年回憶的小玩意，這裡的懷舊物品和我們小時候玩的非常相似，所以懷念之情油然而生。其實小雞啄米本身就是一種力學和運動學結合的木製小玩具，利用木製小球來控制圓盤上的小雞可以順利地啄到圓盤中心的米，不知你有沒有玩過呢？Emma說她來了好幾次都找不到這家店，直到第四趟和我們一起來才得以順利找到。

Emma：我之前來過三次都找不到這家店，今天終於找到了。
我：是因為我很幸運。
Emma：我想應該是你那時代的東西，所以比較容易找到。
我：⋯⋯

逛靜安別墅真的需要點耐性和腳力，因為這裡的小店分散在各個巷弄裡，初次造訪最好隨身攜帶這裡的地圖，才不會繞來繞去，找不著目的地。不過此處的咖啡店超多，所以逛累了想休息也不用擔心沒地方去，像夏布洛爾咖啡店、168咖啡、GZ Café，或是有店貓的蝴蝶行者，都是不錯的休息補給站。我們還發現這裡有家弄堂雲吞，簡單地搭個棚子就做生意了，可是生意真是好得不得了，但如果你對環境衛生的要求很高，可能會有些難以接受。

　　距離靜安別墅不遠的陝西北路，沿途有些名人故居，如位於陝西南路414號的董家住宅頗有來歷，是已故世界七大船王之一董浩雲上海的住宅之一。或許大家對董浩雲沒什麼特別的印象，不過應該對他的兒子董建華，香港特別行政區首屆行政長官比較熟悉。董家住宅建於1913年，清水紅磚搭配斜瓦屋頂的西式花園別墅，而且前有庭院、後有花園，是相當雅致的建築。

　　位於陝西北路500號的猶太教拉結會堂，是遠東區最大的猶太會堂，也是上海市優秀建築，現在則為上海市教育局禮堂。陝西北路457號的何東故居2005年列為上海市優秀建築之一，該住宅也是出自鄔達克之手，仿英國文藝復興時代流行於歐洲的建築風格，可是花園卻是中式的，小橋流水、曲徑山

夏布洛爾咖啡館之一

夏布洛爾咖啡館之二

石之間，再配上幾棵古木老樹，很有意境。何東的父親是英國人，母親則是蘇州人，他很有商業頭腦和手腕，在第一次世界大戰期間成為上海房地產巨商，1949年舉家遷往香港，曾為香港首富，而何東故居則由上海房地產部門接收，現為上海辭書出版社。

同在靜安區，位於新聞路1124弄9號沁園的老房子，就是一代影后阮玲玉的故居，也是她服藥身亡時的最後住所。阮玲玉堪稱一代奇女子，年僅25歲便香消玉殞，死因至今成謎，尤其是她留下的遺言「人言可畏」，更讓人平添感傷，當年的西班牙式花園洋房如今已成為尋常百姓家。

也是條充滿歷史的路！

陝西北路很適合散步！

1.董家住宅（董建華家族）
2.猶太住宅
3.何東故居
4.阮玲玉故居

沁園邨
阮玲玉故居

面臨淘汰的老區

Info
★靜安別墅
地址：南京西路1025弄
★董家大宅
地址：陝西北路414號
★猶太住宅
地址：陝西北路430號
★何東舊宅
地址：陝西北路457號
★阮玲玉故居
地址：新閘路1124弄9號

穿新衣的嘉善老市

近幾年來，上海市的老街社區改造如雨後春筍般一個接一個出現，位於陝西南路和嘉善路間的嘉善老市則是個特別的社區改建案例，前身是上海紡織的舊廠房，經改建後，成為包含公寓、餐廳、酒吧、辦公室，並致力於環保的的綜合社區，與其說它是一個商業區，不如說它是個老外的生活圈更為恰當。

這裡每周六或特殊節日，社區空地會舉辦市集，散落於上海各地的老外帶著自製的蛋糕、家常菜、飾品或各式進口食品、葡萄酒與二手衣物等來此交易，感覺上交友聯誼的意味多於做生意，看著攤位前談笑風生的外國人，恍惚間會讓人誤以為自己身處於歐洲的市集，中國人反而成為稀有的外來客。我們來的時候是夏天，我想如果聖誕節前夕來這裡應該會很有過節氣氛。

嘉善老市雖然充滿了西式生活氛圍，但附近卻是上海居民樓和一個很傳統的市場，進入時還會和一些仍習慣穿睡衣、便衣、拖鞋就出來逛的上海市民擦身而過，而且一旁菜攤、水果攤、魚肉攤更時時飄散出屬於平民百姓的生活味道。Emma說她第一次拜訪這裡時是從陝西南路的路口進去，那時就看到這番超生活化的景象，瞬間還以為自己來錯地方，幸好走了幾步便看到嘉善老市，但兩者間的強烈對比也令她印象深刻。只能說，上海，很新穎、也很懷舊；很國際、也很傳統；完全視你從哪個角度看她。

我：現在大陸流行這種很像睡衣的衣服嗎？
Emma：那就是睡衣。
我：可是她們還穿高跟鞋配小提包。
Emma：這就是上海人厲害的地方，渾然天成。

Info
★嘉善老市
地址：陝西南路550弄

主打東南亞料理的café sambal就位在嘉善老市前面，這家店是Emma上海的朋友K介紹的，店裡走簡約設計風，是非常舒適的用餐空間，有口福的人可以點份店內的brunch，看起來精緻的餐點卻讓Emma飽到連甜點都吃不下，這幾乎是不會發生的事，可見分量真的很足夠。café sambal的斜對面也有間咖啡店，看到店內養著鸚鵡和兔子本來想進去坐坐，可是我們看到應該很有精神的鸚鵡卻不舒服似的躺著覺得於心不忍，所以Emma硬著頭皮告訴店員這件事，但店員一臉冷漠，搞不好還覺得我們是怪人，只能說希望大家可以愛護動物，畢竟人類已經擁有大部分的資源，不是嗎？

訂做一件衣裳

　　有別於現在的衣服都是成衣，現買現穿，量身訂做的訂製服似乎是很遙不可及的夢想，如果有些時間其實可以訂做一件自己專屬的衣服，滿足一下華麗的虛榮感。

旗袍一條街‧茂名南路

　　茂名南路長1,275公尺，北起延安中路，南至永嘉路，過去號稱酒吧第一街的茂名南路，除了夜晚會變身為酒吧街（指復興路到永嘉路段，不過聽說要被廢除了），也是上海有名的旗袍街，特別是淮海中路和復興中路這段更是旗袍店雲集，除了有高級的訂製服店，也有較平價的選擇，如果時間不多，店內通常會有現成品讓顧客挑選。

　　在上海穿旗袍就像是日本人穿和服一樣，代表一種身分地位，也代表一種傳統，知名的店家如金枝玉葉，店內裝潢得好像婚紗店，所以訂製一件旗袍價格必定不菲，可是若想買件值得珍藏的旗袍倒是可以考慮一下。至於小女孩穿的，我們建議可以到之前介紹過的Chouchou Chic選購，因為孩子長得快，一下子就不能穿了，買訂製服似乎有點可惜。

　　除了旗袍和酒吧，茂名南路本身也是條值得細細品味的街道，街道上有兩間有名

1. 旗袍街
（集中在淮海中路與復興中路段）

茂名南路
可是~

聞名的
旗袍街!

的戲院——國泰電影院和蘭心大戲院。蘭心大戲
院原址在虎丘路,是中國第一座西式劇場,後來
因火災重建,1931年才在茂名南路重新開幕,對
日抗戰勝利後,梅蘭芳曾在這裡復出登台。其實
對早期的上海市民而言,戲院和電影院都是遙不
可及的奢侈活動,只有上流社會的貴族和外籍人
士才有閒情逸致欣賞,看看過去,再想想現在,
其實我們是幸福的。

　　茂名南路往南繼續逛,會經過頂級名牌聚集
的淮海中路,也會經過文人故居、潮店雲集的南
昌路,還有充滿美麗建築的復興中路,而且既然
走到這裡了,不妨信步走到永嘉路逛逛。永嘉路
不像鄰近的道路那麼聞名,只是條寧靜的小路,
可是我和Emma都很喜歡,因為大多數的時間
裡,安靜並不存在於上海的公共空間,所以難得有個可以暫時遠離喧囂的地方,誰會
不珍惜呢?

　　其實永嘉路也有許多美麗的建築物,或許不如名人故居有名氣,卻可以讓我們
純粹欣賞她的美,如永嘉路389號的孔祥熙故居,英國鄉村式的建築很古典、也很優
雅,現在為上海市文化市場行政執法總隊使用;永嘉路387、389號的花園別墅,有著
雙坡頂及雙坡形老虎窗,牆上裝飾著紅色半露木構架,呈現出華麗卻厚實的穩重感。

　　除了散步、沉思、欣賞,永嘉路227號甲的宋芳茶館也是值得拜訪之處。店主宋
芳是一位移居上海的法國女子,因為太愛喝茶了,於是開了這間賣中國茶、也賣法

轉轉上海
Shanghai strolling

153

古樸的宋芳茶館很適合品茗!老闆可是法國人~

喜歡藍色!

Info
★宋芳茶館
地址：永嘉路227號甲（近陝西南路）
電話：021-6433-8283
★蘭心大戲院
地址：茂名南路57號（近長樂路）

國茶的茶館，店內的裝潢很簡單、也很舒服，白牆、藤椅、木地板，搭配中國花布沙發，一壺茶、一個下午，沉浸在茶香的氛圍裡。如果喜歡也可以買些茶葉帶回家，店內會用專屬的藍色罐子包裝，頗有特色，只是價格不便宜喔！

南外灘輕紡面料市場

南外灘輕紡面料市場就是董家渡輕紡市場，來到這裡很難不被大大的「布」字吸引，不只當地人喜歡來這裡，Emma說這裡可是許多外國遊客來上海的第一站，為的是此處的量身訂製服。由於種類繁多且價格吸引人，所以很多人來旅遊時會先到這裡訂做，等待的時間剛好可進行上海觀光之旅，真是聰明的辦法，而且聽說有些外派的外國人要回國時，不是帶什麼特別的東西，卻是一堆這裡的西裝或套裝，可見南外灘的訂做服在外國人之間有些口碑喔！

市場內的店家很多，也因為外國人多，所以家家幾乎都會基本的英語對話，Emma說她喜歡到三樓詢價，而外國人多的店鋪，東西相對比較貴，不過也不是便宜

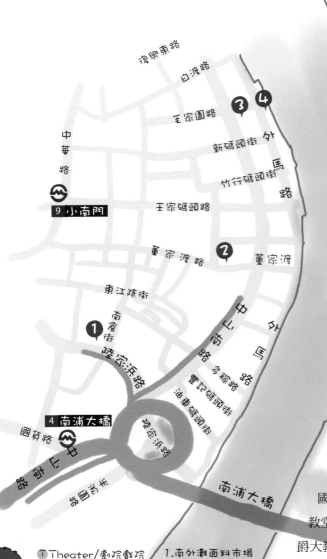

豫園東路
白渡路
毛家園路
新碼頭街
竹行碼頭街
王家碼頭路
中華路
外馬路
❸ ❹
❷ 董家渡
董家渡路
東江陰街
南倉街
❶
蓬萊路
海潮路
豐記碼頭街
海事碼頭街
陸家浜路
外馬路
新開河南路
中山南路

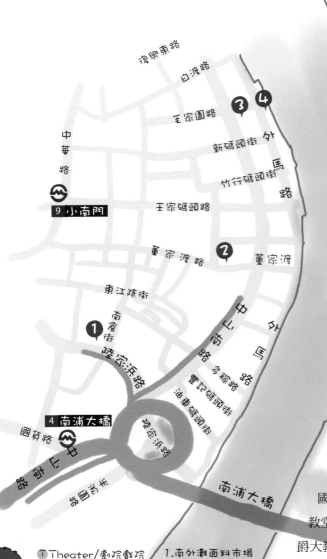
9 小南門

4 南浦大橋
國貨路
中山南路
南浦大橋
南浦大橋

Ⓣ Theater／劇院戲院
Ⓗ Hotel／飯店
Ⓢ School／學校
Ⓜ Museum／博物館
Ⓜ MTR／地鐵站

上海 Map
Shanghai

1. 南外灘面料市場
2. 董家渡天主教堂
3. 老碼頭
4. 老碼頭陽光沙灘

就好，主要還得看看布料材質和店家的手工，最後才是殺價。

一般而言，一件襯衫大約110RMB，如果是本地人或許會更便宜呢！如果你是熟客了，店家還會提供上門量身的服務，或是直接告知款式，店家就會依舊有尺寸訂做，不過最棒的是可提供自己喜歡的款式請店家做，不過這就真的要有點真功夫了。除了南外灘，其實浦東上海科技館商場裡也有許多訂製服的店家，可是平心而論，南外灘還是略勝一籌。

解決了衣服的問題後，可以沿中山南路散步，看看董家渡路185號的董家渡天主教堂，這是中國第一座可以容納兩千人的大型天主教堂，外觀仿照羅馬耶穌會總會聖依納爵大教堂建造，白色的巴洛克風格，堂內有巨柱和中國樣式的蓮花和仙鶴，極具東方色彩。

繼續前進就可以看到南外灘老碼頭，經過

轉轉上海
Shanghai strolling

南外灘訂做衣服流程圖

我：外國名牌不是很多嗎？為什麼這種地方外國人特別多？
Emma：因為這裡便宜，而且很多牌子都made in china。
我：我就說嘛！不分膚色種族，誰會和錢過不去。
Emma：這樣講好像有道理。

1. 詢價，殺價！

2. 挑布和細節（扣子，衣領等）

3. 可選擇送貨或自取！

整頓美化後，老碼頭成了繼外灘和陸家嘴之後，另一觀賞江景新景點，這裡的舊稱叫十六鋪，原本有許多倉庫和工廠，如今這些老倉庫、老廠房經過改造整修後，已經有許多餐廳、商店進駐營業，未來勢必成為上海另一個熱門景點。在老碼頭旁，黃浦江邊還有一片人造沙灘，門票約20 RMB。

Info
★南外灘面料市場
地址：陸家濱路399號
★老碼頭
地址：中山南路505號
★老碼頭陽光海灘
地址：外馬路421號

老碼頭 The Cool Docks

沙灘！美酒！

好浪漫喔～

發揮講價的批發市場

Emma說，在中國生活時，除非到百貨商場購物，否則最常面臨的頭痛問題就是講價，特別是在許多花鳥市場、成衣商場，如何買到物美價廉的商品，真的需要考驗喔！

花鳥市場

所謂花鳥市場，依字面解釋就是專賣園藝、鳥類用品的地方，可是演變至今，很多花鳥市場已經不是單賣這類商品，而是從水族用品、花卉到家具等都有。上海的花鳥市場非常多，族繁不及備載，這裡就介紹幾個市場和大家分享。

虹橋花鳥市場位置比較遠，可是卻也是規模最大的，賣的東西包羅萬象，幾乎家裡會用到的這裡都賣，市場內大致依主題種類分區，我和Emma最愛逛的就是家居用品區，小至湯匙，大至鍋碗，真的好想全搬回去。我跟Emma說這裡真是個寶窟，如果高雄也有就好了，我覺得喜歡居家生活的人應該都會喜歡這裡。此處還有許多專賣外貿的商店，老闆都說是真品，但真假就只能靠自己判斷了。浦東雙季花市主要還是以花卉和園藝商品為主，而且這裡的花卉種類很多，這樣的市場在台灣也慢慢式微了，我想喜愛園藝的父親大人應該也很想把這裡搬回去吧！

萬商花鳥市場則是以動物居多的市場，本來我和Emma以為它和其他花鳥市場性質相

市場一角

Info
★虹橋花鳥市場
地址：虹井路500號（近延安西路）
★浦東雙季花市
地址：浦建路620號
★萬商花鳥市場
地址：西藏南路417號

同，去了之後才發現差很多，這裡主要販賣玉石古玩及水族箱用品、鳥類、寵物，甚至蟋蟀等。我們是很喜歡動物，卻還是有點難接受這樣的販售行為，但畢竟不是每個人的觀點都和我們一樣，而這就是上海市井小民的生活樂趣，只希望大家飼養了就要學習愛護另一個生命。

七浦成衣商場

和台北的五分埔、高雄的安寧街一樣，都是專賣批發成衣或飾品的市場，不過上海似乎比較流行韓風，Emma喜歡的日式森林系很少見，難怪街上女孩的穿著都很像母親大人看的韓劇。來到這裡免不了要殺價，可是殺多少還真的需要一點智慧和技巧，才不會被當成肥羊痛宰。

購物之餘，也要小心自己的隨身衣物和錢財喔！

我：這衣服多少錢一件？
店員：那你多少要買？
我：你們開價是多少？
店員：我就問你多少錢要買咩？
我：⋯⋯那50塊。
店員：不行，你多少錢要買？
我：⋯⋯

服飾城外的老城區

七浦採貨守則

① 穿著輕便

② 購物袋，朋友說
黑色垃圾袋更像
來採買！

③ 袋子要提防
小偷

④ 水!零食!
如果你會逛很久!

⑤ 易走的鞋子

轉轉上海
Shanghai strolling

第四步

我愛老房子

Emma 有個觀點很有趣，她說建築就像是城市的永久居民，所以要認識一個城市當然要認識這些榮譽市民，而老房子更是上海一大特色。前面的章節裡，我們隨著散步路線，已經介紹過一些整修改建後的老房子，而這章的主角是整修後變身為餐廳、咖啡廳的老房子，美食和房子共同創造的美麗畫面。

1. 椰香天堂(富民路)
   花馬天堂(高郵路)
2. 夏朵花園
3. 仙炙軒
4. Greek Taverna
5. 上海老站
6. 巨鹿路889
7. 福1039
8. SHARI

1. aroom Café
2. ZEN Café
3. Manne Et Sante
4. 老麥咖啡館
5. 小茉莉
6. Citizen Café
7. Café Paddy
8. Here Café

老房子變裝，餐廳

富民路‧椰香天堂、高郵路‧花馬天堂

椰香天堂和花馬天堂是同一個老闆，只是椰香天堂賣的是泰國菜，而花馬天堂則是主攻雲南菜，雖然菜色不同，但客人的評價都不錯。位於富民路的椰香天堂是由花園洋房改建而成，入口並不明顯，一個不小心很容易誤以是民宅而錯過，店內的燈光昏暗，紅色桌巾搭配泰國傳統的擺飾，營造出異國情調。Emma和她先生有一陣子很愛泰國菜，每次來總是點一盤辣炒

雞肉配飯，還有必點的蝦餅，最後再加上一杯冰涼的香茅茶，然後才帶著幸福的笑容回家。

大救駕

　　花馬天堂有兩家，一家在外灘，而另一家則在鄰近武康路的高郵路上，高郵路這家雖沒有外灘店豪華，但感覺上比較悠閒舒適，紅色的入口非常醒目，店內設計和椰香天堂有異曲同工之妙，只是泰國風的裝飾變成雲南邊疆民族風。菜單上有一道菜叫「大救駕」令我們很納悶，Emma解釋道，據說明末時，永曆皇帝逃難來到滇西，正當飢餓難耐時，突然聞到當地居民煮的餌塊料理香味，皇帝嘗過後讚不絕口說：「真是大大救了朕。」於是有了「大救駕」之名，其實這道菜只是將木耳、肉片、雞蛋、青菜、餌塊放在鍋裡快炒的簡單菜色，但有趣的傳說讓菜色更顯美味。

復興西路・夏朵花園

　　鄰近丁香花園的夏朵餐廳有兩家，嚴格說起來其實是兩家相鄰的店，華山路入口的夏朵主要是義大利菜，而轉個彎在復興西路入口的夏朵花園賣的則是法國料理，這樣的區別很有趣，可是也常常讓第一次來的客人搞混，像我就是，可是Emma卻不會，這應該也是一種天賦吧！

　　夏朵號稱是上海最有氣氛的西餐廳之一，店內

夏朵花園

的裝潢布置都很典雅華麗，而復興西路的夏朵花園外觀是淺淺的天空藍，感覺很舒服，餐廳裡黑白相間的地板和水晶吊燈，讓空間有種早期的法國情調，也難怪餐廳內經常是雙雙對對的情侶。

華山路的餐廳旁還有很歐風的夏朵精品烘焙坊，不用餐也可以買塊麵包品嘗看看。

汾陽路‧仙炙軒

介紹老上海時曾提過仙炙軒是小諸葛白崇禧的故居，而仙炙軒就座落在這棟法式花園洋房裡，這裡除了有仙炙軒的鐵板料

理，還有寶萊納的德國料理，都是上海熱門的餐廳，也是許多新人舉辦婚宴的首選地點。

　　也許為了配合這美麗建築的歷史，聽說餐廳內有很多古董級文物擺飾，讓美好的用餐氣氛添加一絲思古幽情。享用完美食可別急著離開，可以到庭院散散步、透透氣，好好欣賞這美麗的小白宮，千萬別辜負了這漂亮的庭院。

岳陽路 · Greek Taverna

　　岳陽路1號是間希臘餐廳，藍白相間的希臘式建築在一整排老房子中顯得很特別、也很醒目，餐廳內的裝潢也很有地中海風情，餐點的量都頗多，而且有濃厚的乳酪味。Emma的朋友說這家餐廳的希臘菜很道地，雖然我們對希臘料理並不熟，不過重點是覺得好吃就好了，不是嗎？

漕溪北路·上海老站

　　已列為市級文物保護建築的上海老站就位在徐家匯天主堂對面，建築物原本是間修道院，建於1868年，可是1929年時曾被大火燒毀而又重建，如今則成為上海有名的本幫菜餐廳。餐廳的二樓仍保留修道院時期的穹頂，餐廳內不但古色古香，還有兩節有名的車廂，據說是慈禧太后和宋慶齡坐過，成為這裡的一大特色。如果用餐人數少於四人，可以要求安排窗邊的位置，邊欣賞風景邊用餐，而且這裡點餐是用ipad直接下單，真的很先進。

美味的紅燒肉

慈禧、宋慶齡坐過的車廂

巨鹿路889號

　　如果只是單純想到老洋房用餐，沒有特別偏好的料理，巨鹿路889號是個不錯的選擇喔！889號別墅群類似思南公館，有多家知名餐廳聚集於此，如承襲了老上海回憶的本幫菜餐廳席家花園，就座落在其中一棟典雅小洋樓；主打越南菜的Club Vietnam則是Emma的最愛，洋房外觀典雅，但內部裝潢很有夜店風，我們大多是下午過去，坐在大落地窗前可以盡情欣賞午後的綠地，而且餐點還挺清爽不油膩，吃膩了上海菜，也可以換換口味。這裡共有九棟設計風格一致的花園洋房，以前是亞細亞火油有限公司的外資員工住處，連員工宿舍都這麼漂亮，真是令許多

上班族羨慕，現在這裡經過整修成為別有特色的餐廳。用完餐，可以順便在巨鹿路附近逛逛，也幫助消化。

愚園路‧福1039

福系列餐廳有三家——福1015、福1039、福1088，我很好奇這些數字是什麼意思，有人說是依價位，所以最貴的是福1088，不過大家的心思都在菜色上，我也只好收起好奇心以免菜被吃完。

福系列餐廳都是以本幫菜為主，餐廳內的陳設也都仿照老上海時代的風格，其中福1039座落在狹窄的小巷子，是棟幽靜的老洋房建築，來到這裡必點的是紅燒肉，很多饕客為它而來，而且這裡的燻魚也很不錯，連怕腥味的Emma都吃了好幾口，可見廚師功夫很好。如果不是很瞭解

上海菜，也可以請服務員幫你配菜，不過記得點紅燒肉。

　　福系列餐廳好像都有最低消費限制，小朋友則是半價，所以訂位時記得先告知餐廳。另一個要注意的是，可能是庭院的關係，所以夏天時蚊子有點多，記得貼個防蚊貼，才能盡情享用美食。

永嘉路・SHARI

　　SHARI是間有著大庭院的兩層樓老洋房改建的日式料理餐廳，服務員為我們預留了窗邊的位置，感覺很像以前富貴人家的早餐室，陽光很充足，和一般舊洋房的昏暗光線不同。就座後服務員耐心的為我們說明優惠活動，禮貌的態度令人印象深刻，畢竟在上海好服務是很少見的。

　　SHARI的日式料理不像一般傳統日本料理，比較偏創意料理，但還是有日式料理的精緻，有機會可以來品嘗一下。

Info

★椰香天堂
地址：富民路38號（近延安中路）
★花馬天堂
地址：高郵路38號
★夏朵花園
地址：復興西路268號（近華山路）
★仙炙軒
地址：汾陽路150號（近桃江路）
★Greek Taverna
地址：岳陽路1號

★上海老站
地址：漕溪北路45號
★巨鹿路889號別墅群
地址：巨鹿路889號
★福1039
地址：愚園路1039號（近江蘇路）
★SHARI
地址：永嘉路630號（近烏魯木齊南路）

老房子變裝，咖啡館

泰安路，歐式咖啡雜貨店‧aroom

　　aroom，位置真的超隱密，如果不是Emma帶路，我們真的找不到，這裡又叫衛樂園，1924年的老建築，是個融合各國建築風格的小區，我覺得這裡很有味道。aroom就位在其中一戶，沿著圍牆走會看到一扇斑駁的鐵門，按了門鈴稍待一會兒就會有人出來幫你開門，走進去穿過庭院便看到咖啡館。店家並不刻意掩飾房屋的老舊，漆上白漆的磚牆、有點歷史的木地板，再配上

隨興布置的雜貨，真的很有古樸的風味。重點是這裡有隻店狗，名叫海明威，不過聽說牠年紀大了所以上班時間比較不固定，想見牠可得碰碰運氣。

東平路·ZEN Café

介紹東平路時曾介紹過Emma喜歡的ZEN家居店，沿著戶外梯往上，就會看到精巧的白色小屋，而ZEN Café就位在這裡。店內到處都可以看到ZEN的陶瓷創意，用餐的餐具當然也是ZEN的餐具，這種有點置入行銷的方式成功的打動Emma買下一組茶具，雖然單價高了點，但是真的很有質感。這裡保留了原建築的木頭屋頂再漆成白色，很有悠閒度假風的感覺。

自家販售的商品，很漂亮喔

紹興路・Manne Et Sante

樓下是麵包店

　　充滿文藝氣息的紹興路，不是只有出版社、畫廊，還有許多有特色的咖啡店，其中Manne Et Sante是Emma最喜歡的一家。小巧典雅的雙層樓洋房，一樓是麵包烘焙店，專賣健康取向的雜糧麵包，好吃又健康，而從烘焙坊旁的拱門進去，沿著狹窄的白色石梯而上就是咖啡店，店內隨興擺著各種樣式的桌椅，反而有種不規則的瀟灑。下午時分，選個窗邊的位置，點杯咖啡，望著綠蔭扶疏的紹興路，好愜意的時光。

桃江路・老麥咖啡館

　　一棟綠門綠窗的小小咖啡店就是有名的老麥咖啡館，店面不大，總共有三層樓高，很有60年代的美式嬉皮風，店內所擺放的照片、書和裝飾品都是店主老麥從世界各地蒐集的收藏品。如果你也喜歡攝影、音樂、旅遊，來到上海一定要撥點時間拜訪老麥。這裡每逢周末假日總是大排長龍，所以非假日的時間來才能好好喝杯咖啡。

　　桃江路25號是一棟德國折衷花園洋房，最初是德

國駐滬領事住宅,而老
麥咖啡館的所在地則是
副樓,過去是洋房的車
庫,2009年5月1日才在此開始營業。
來這裡不妨點杯添加vodak的老麥咖
啡,酒香混著咖啡香,不可思議的成熟味,不勝酒力的
朋友或未成年的小朋友可別嘗試喔!

武康路・小茉莉(Petite Jasmine)

小茉莉跟安福路的小花咖啡館、康平路的小小花園

都是同一位老闆，而小茉莉有著濃濃的鄉村田園風格，和其他兩家店比起來少了些華麗感，卻多了些家的溫暖元素，雖然位在武康路不起眼的角落，但偌大的白色木窗總是吸引著遊客的目光。店內小小的中庭種滿了美麗的花朵，是間滿溢花香的咖啡館，也是間療癒系咖啡館。

進賢路 · Citizen Café & Bar

雖然與熱鬧的茂名南路、陝西南路為鄰，然而短短的進賢路不但不失色，卻吸引許多潮流小店、餐廳進駐，時髦的商家與老式民居比鄰而立，更有另一種風情。Emma說，走在進賢路上，有種看老電影的錯覺，因為老上海的市井生活就在眼前上映。混雜在新舊中的Citizen Café & Bar有著低調的黑色外觀，咖啡館內的紅色天鵝絨營造出慵懶的氣息，店內常坐著時髦的年輕男女，聽服務員說這裡不僅咖啡有名，調酒也很出色，可惜我們對酒比較興趣缺缺。天氣好時，可以坐在二樓陽台，一邊望著老上海發呆，一邊品嘗歐風咖啡，讓自己暫時放空。

永嘉路 · 水稻咖啡（Café Paddy）

Café Paddy的風格和laroom很類似，都是屬於美式鄉村風，雖然同樣有兒童木馬裝

飾店面，可是Café Paddy選擇將木馬高掛在天花板上，有種天馬行空的感覺。店內座位不多，除了兩個兩人座的位置，其他座位就像客廳或餐廳一角，顯得隨意且隨興，所以客人也較少，相對的也安靜多了，這在上海可是很難得的。這裡有號稱上海最好吃的核桃派，是不是上海最好我們不清楚，可是口感味道真的都不錯，值得品嘗。

陝西南路 · Here Café

店狗錢多多

會來這家店主要是因為店狗錢多多，一隻小黃金獵犬，不過來了後發現這也是家別致的小店，很多手工藝品、小東西點綴著白色牆面，形成有趣的畫面。Emma回想第一次來時，為了等候錢多多上班，還在店裡待了一個多小時，連她都訝異自己的耐性。等錢多多上班後，陸陸續續就有客人也帶著自己的寵物上門，轉眼間，小小的店已經擠滿六隻大大小小的狗，有些狗是老客戶，有些則是新面

很清幽的小區

孔，也許對小狗來說這裡是牠們的社交場所，而我們才是寵物。

其實除了可愛的店狗，Here Café所在的小區裡有名畫家豐子愷的故居，這小區其實還挺大的，棋盤式的街道整齊劃一，有點像台灣的眷村，只是這裡家家戶戶都有個開放式的小庭院，顯得不那麼擁擠。遠離了陝西南路的車水馬龍，Here Café有股清幽的安逸，天氣好時，還可以走到庭院曬曬太陽，這裡固定周三晚上會不定期播放電影，屆時咖啡、電影，再加上錢多多相伴，一定是個美好的夜晚。

info

★aroom
地址：泰安路120弄衛樂園15號（近華山路）
電話：021-5213-0360

★ZEN Café
地址：東平路7 1號
電話：021-6437-7390

★Manne Et Sante
地址：紹興路96號甲
電話：021-5465-6297
時間：07:00～21:30（07:00是麵包店開門時間）

★老麥咖啡館（The Cottage）
地址：桃江路25號甲
電話：021-6466-0753
時間：11:00～23:00

★小茉莉（Petite Jasmine）
地址：武康路214號（靠近湖南路）
電話：021-6403-8550
時間：10:00～22:00

★Citizen Café & Bar
地址：進賢路222號（靠近陝西南路）
電話：021-6258-1620
時間：11:00～00:30

★水稻咖啡（Café Paddy）
地址：永嘉路394號（靠近太原路）
電話：021-6466-8608
時間：11:00～00:30

★Here Café
地址：陝西南路39弄27號
電話：021-5305-1110

第五步 上海的美食與文化

在地美食街

老上海市區有幾條號稱美食街的小路，街上在地美食雲集，較為人熟知的有雲南南路、黃河路、吳江路與乍浦路。這裡介紹的是人民廣場附近的兩條美食街——雲南南路和黃河路，因為鄰近觀光景點，有時間可以順道繞過去逛逛。

我：你會不會覺得這有點像台灣的夜市，只是少了攤位。
Emma：可是賣的東西不一樣，我好想吃鹽酥雞、豬血湯、東山鴨頭、肉圓……（講不停）。
我：你冷靜點，下次回去再吃個夠。
Emma：我不要，我現在就要坐飛機回去。
我：喂，你別跑，等等！

雲南南路美食街

　　走到延安東路與雲南南路路口時，首先映入眼簾的是一棟回教風格建築。Emma說，它彷彿是雲南南路美食街的地標，看到它就知道美食街到了。路口的另一邊則是有百年歷史的德大西餐社，這裡的餐點不算精緻，但卻有濃濃的懷舊風味，據說許多老上海的初戀都是從這裡開始，西餐禮儀也是從這裡學習，它不但是許多上海人的美好記憶，也是上海人對西餐的定義。只是隨著時代越來越先進，西餐已不是那麼遙不可及，而速食更是許多人第一次接觸的西餐，不過真心希望經典老店可以再有下一個百年。

　　走進雲南南路後，兩旁開滿各式各樣的餐廳，上海有名的五芳齋點心店也在這裡，因為店裡自產的糕糰選用玫瑰、桂花、松花、蓮花、荷花五種植物香料，故稱為五芳齋，店裡除了甜點，還有招牌肉粽等其他大陸小吃。甜食向來都是Emma的強項，她說還是糖藕最棒，建議有機會也來品嘗一下上海的庶民小吃。

　　小紹興是上海當地人極力推薦的店，還有句順口溜「北有全聚德，南有小紹興」，不知是不是店家編的？小紹興最

德大西餐社的復古馬克杯

Let's Go!

體驗當地美食街~

Info
★小紹興
地址：雲南南路69-75號
★德大西餐社
地址：雲南南路2號

有名的就是白切雞，從外帶的大嬸、阿伯人手一包，到店內用餐的客人幾乎每桌都有，就可以深刻瞭解這裡的招牌就是白切雞，既然來了就入境隨俗的吃吃看吧！店內環境頗乾淨，先點餐付款後再到各區拿餐點，我發現上海生意好的店都是這種點餐模式，不過既然我們是觀光客，時間上較彈性，就盡量錯開用餐時間，這樣比較有用餐品質。

黃河路美食街

黃河路除了和張愛玲的故居長江公寓有關，也是條當地人喜歡的美食街，一到用餐時間許多店家前都大排長龍，其中最熱門的店是佳

Info
★佳家湯包（黃河路店）
地址：黃河路90號
★小楊生煎（黃河路店）
地址：黃河路97號1-3樓

家湯包和小楊生煎包，雖然口味不同，但都屬於麵粉類食品，不知是否上海人特別愛吃「包」，其實相較於雲南南路，黃河路更能體驗在地市井小民的飲食文化。不過說真的，偶爾嘗鮮很新奇，但我們還是覺得台灣的小吃最讚，尤其是Emma和她先生去過那麼多地方，回到台灣一定馬上去夜市報到。

冷菜！熱菜！上海菜大學問

Emma說剛來到上海最不習慣的是上餐館用餐，這倒是令我們很納悶，原來上海菜有分冷菜和熱菜，所以常常她點了菜後，服務員會先質疑她點的都是冷菜，再來如果只點個三道菜，服務員又會說就點這樣？後來她漸漸發現當地人喜歡點很多菜，就算只有兩個人也要點一桌滿滿的菜，吃不完再打包帶走，好像吃頓飯也要講究面子，果然是海派作風，難怪常看到餐廳裡，有些位置很少人卻點一大桌菜，我還以為是有人還沒來。

上海菜分為海派菜和本幫菜，本幫菜比較偏家常菜，重醬色，也比較甜；而海派菜則是結合其他菜系特色，以前上海人家請客可講究的，即使現在已經不像以前那麼禮數周到，但菜色搭配還是一門學問，幾道冷菜配幾道熱菜都要事先安排好，且為了面子問題，菜色往往吃不完，也許接下來好幾天都得吃這些菜，有點像台灣的喜宴，不過最近可能物價高漲，喜宴的菜很少有剩的可以打包了。

冷菜就是前菜的意思，有名的冷菜像心太軟、糖藕、燻魚、四喜烤麩、糖醋小排、醬鴨、醬蘿蔔、烤籽魚、馬蘭頭拌香干等，而Emma最喜歡的就是心太軟和糖藕。

上海菜名

　　多數的菜色其實都很容易懂，可是有些名稱就比較難理解，所以簡單講解一下。
· 馬蘭頭拌香干：馬蘭頭其實是一種野菜，只是現在餐廳使用的大多是人工栽培，馬蘭頭搭配香干口感很脆，雖然現在一年四季都可以吃到馬蘭頭拌香干，但聽說最好的食用季節是夏季。
· 烤籽魚：雖然名稱是烤，但其實是炸鳳尾魚，吃起來脆脆的，甜中帶鹹很下飯。
· 草頭圈子：草頭就是苜蓿，是春季的菜色，通常會搭配大腸，所以才叫做草頭圈子。

　　而熱菜就是主食，一般最為人所知的是紅燒肉，另外還有油爆蝦、蟹粉豆腐、草頭圈子、清炒河蝦仁等。最後，點紅燒肉時別忘了請店家加蛋及筍乾，會有加分效果。

上海道地小吃

你好～
吃點什麼？

　　雖然沒有廣東點心有名，但上海小吃的種類也不少，除了有名的上海早點「四大金鋼」——大餅、油條、豆漿、粢飯糕，其他像南翔的蟹粉湯包、蟹粉小籠、生煎包、鍋貼，或是清明必吃的青糰，其實小吃明確反映出當地的庶民文化，我們也簡單介紹一下上海有名的連鎖小吃店與街邊小吃。

　　老字號麻醬麵——味香齋，位在雁蕩路的這家老店，即使下午時分，過了用餐時間，空間不大的店鋪裡還是擠滿了人。這裡的鎮店之寶麻醬麵非常有名，麻醬料味濃醬稠，但麵條硬了些，如果能再多煮一下應該口感會更好，不過這純屬我們個人意見，因為人真的很多。

　　除了生煎包，Emma最愛的就是排骨年糕，大大的排骨搭配炸過的扁長年糕帶點甜味，每次去豐裕及鮮得來看見人人桌上都一盤，可見上海人也很愛這味，我想上海人如果來台灣應該也會很喜歡我們的排骨飯吧！

　　Emma說，上海有許多稱為黑暗小吃的地方，不過不是什麼恐怖的地方，是指這些店通常都很晚才開店，位置及衛生比較見不得光，但越是見不得光的路邊攤，生意就越是火。其中被稱為邪惡油條的霍山路203號是當中的佼佼者，晚上十點才開賣，

I'm NO.1！

I'm NO.1～

鮮得來排骨年糕

豐裕排骨年糕

可是九點多就有人排隊等開門，等的是店內的現炸油條、炸粢飯條、蛋餅、豆漿，其實樣式不多，但已經讓大家心滿意足。不過享用路邊美食及黑暗小吃還是得保重自己的腸胃喔！

　　另外有個小叮嚀，Emma的上海朋友曾提醒我們買路邊的新疆切糕要小心，因為曾發生過不好的經驗，加上新疆民族是允許隨身帶刀，所以建議買別的吧！

蛋餅~蛋餅!

info
★味香齋
地址：雁蕩路14號
★鮮得來（雁蕩店）
地址：雁蕩路9號
★豐裕（瑞金一路店）
地址：瑞金一路142號旁
★街邊小吃（邪惡油條）
地址：虹口區霍山路203號

邪惡油條

上海老字號麵包店

Emma說，和上海朋友聊到傳統麵包店時，大家常會提到鮮奶小方、紅寶石、凱司令這些奇怪的名稱；況且張愛玲也曾在〈談吃與畫餅充飢〉中提及她喜歡的西餅店老大昌，所以我們決定走一趟糕餅店，好好研究一下上海的糕點有什麼不同。

紅寶石，原來是店名，創辦人是長期住在國外的英籍華人，當他回到中國時，因為一直沒找到心目中理想的美味，所以決定自己開發。1986年時，他和靜安區糧食局合作，成立了中英合作紅寶石有限公司，也創造了紅寶石傳奇，之後那一小塊奶油蛋糕配上一顆紅櫻桃的鮮奶小方風靡上海數十年，現在小小一盒兩塊裝就要13 RMB，還真是不便宜，不過鮮奶油蛋糕的滋味也是難忘的童年回憶。

靜安麵包房是間老牌法式西點麵包，很講究麵包的質感與製作過程，雖然現在有很多新的麵包店，但靜安麵包房還是有許多忠實的顧客。店內的法式長棍、白脫別司忌、白脫小球都是熱門商品，有空記得到華山路的靜安麵包房品嘗法式糕點。

Pony的鮮奶油蛋糕，清淡不膩、很爽口，而且蛋糕造型也是這些老店中最精緻的，玫瑰花造型的鮮奶油點綴在蛋糕上，應該很受女孩子歡迎。

上海有許多老字號麵包店！

紅寶石的鮮奶小方
口感很有童年味～

凱司令也是一家以鮮奶蛋糕聞名的糕餅店。據說以前上海男人結婚前必須車子、房子具備,才可以娶老婆,有了婚約卻還沒結婚的男朋友就叫毛女婿,當毛女婿要拜訪未來的岳父、岳母時,一定要帶著西餅店捆繩的鮮奶裱花蛋糕,而其中一家毛女婿必買糕餅店就是南京路的凱司令。Emma說,如今南京路的凱司令依然存在,只是現在的毛女婿還會帶鮮奶蛋糕嗎?

別司忌?白脫?

別司忌就是biscuit,原文的意思是一種麵粉和糖、蛋做成的手工餅乾,而上海的別司忌是指有類似口感的烤吐司,只是吐司上會先抹上一層黃油加砂糖的糖油霜,再放進烤箱烤成香香脆脆的口感,台灣也有類似的點心。

白脫則是butter,上海稱為黃油,台灣稱為奶油。

上海的老戲院

近年來上海一直是許多中外電影喜歡取景的城市之一，諜報片《色，戒》、《Mission Impossible》，愛情電影《大城小事》、《花樣年華》、《甜蜜蜜》，還有史蒂芬史匹柏的《太陽帝國》、《變形金剛》等電影裡都有上海的身影，說上海是電影寵兒也不為過。這裡要介紹三家舊時有名的電影院，回味一下黑白片的年代。

淮海中路上的國泰電影院建於1930年，那時Art Deco在世界各地風行，不只時尚圈，連建築物也深受影響，而國泰電影院興建時正值裝飾藝術風格在上海流行，所以國泰電影院也搭上這波風潮，幾何線條的造型搭配紅磚牆，相當搶眼，現在國泰電影院還是繼續播放電影中。

除了國泰電影院，上海還保存了很多Art Deco建築，據說數量僅次於美國邁阿密，如有名的和平飯店、外灘的上海大廈、南京路的國際飯店和淮海路的東湖賓館，甚至近期的金茂大廈都融合了Art Deco風格。

美琪大戲院（Majestic Theater）的名字是取其「美輪美奐，琪玉無瑕」之意，建於1941年，外觀上仍是帶有裝飾藝術風格。戲院剛開幕時曾被譽為亞洲第一，當時首映的電影就是美國電影《美月琪花》，真是涵意深遠，現在的美琪已經不是亞洲第一，但在國內外仍享有一定的聲譽，是上海市演出大型歌劇、芭蕾舞劇及音樂

舞蹈為主的綜合性劇場。

　　大光明戲院雖然興建時間較早，但際遇比起前兩家戲院真是坎坷多了，1928年開幕時，可謂轟動上海，連梅蘭芳都出席參加，不過歐美電影確實為大光明帶來了豐厚的票房收入，但也將其逼入絕境，1930年時大光明播放醜化中國人的美國電影《不怕死》，引起民眾憤怒抗議，所以1931年11月被迫歇業。直到1932年被聯合電影公司買下拆除重建，並邀請名建築師鄔達克設計，由於原地形為不規則狀，所以考驗著建築師的能耐，新戲院落成時曾被譽為遠東第一戲院，如今風頭已不若以往，但它在上海的電影史絕對占有一席之地。

Info
★國泰電影院
地址：淮海中路870號
★美琪大戲院
地址：江寧路66號
★大光明戲院
地址：南京西路216號

創意上海

近年來由於大陸的開放,不少外來的資訊瘋狂湧入上海,也使得上海衍生了許多創意園區,早期蘇州河改造的蘇河畔藝術,後期的莫干山M50,或是1933老場房,為許多藝術家提供一個展現自己的舞台,這裡主要介紹三個完全不同型態的創意園區。

許多人對四行倉庫一定不陌生,謝晉元團長帶領八百壯士死守四行倉庫的壯烈犧牲,以及女童軍楊惠敏護送國旗的勇氣,這都使我們對四行倉庫有股莫名的情感,不過鮮少人知道四行是指當時北方四大銀行金城、中南、大陸、鹽業四家共同出資興建的倉庫。如今七十幾年的歲月過了,四行倉庫依然堅守在崗位上,但肩負的責任已大不相同了。

其實嚴格說起來四行倉庫有兩個,光復路1號的倉庫現在幾乎是商場占據,已經沒有當年抗戰紀念地的氣息,令許多前來緬懷的遊客大嘆可惜;而位

四行倉庫創意園區
跟我想像中有點不同~

於光復路195號的倉庫才是許多創意產業進駐的創意公司，據說最初是台灣設計師鄧琨豔將藝術創意導入蘇州河畔，也使得這區有許多倉庫改造的創意空間。來看四行倉庫時，也可以沿河畔來趟創意之旅。

靜安設計中心就在靜安寺附近，據說是個老式浴場，低調的白牆搭配黑白拼貼地磚，素雅而有格調。和其他創意園區比起來這裡並不大，但麻雀雖小五臟俱全，二、三樓大多是辦公室，頂樓有個空中花園。

而Emma要推薦的是一樓的Seesaw Café，Seesaw的意思是See what we saw，由一群咖啡同好合夥經營，店內布置舒適簡單，咖啡很棒。Emma第一次去時，女老闆還熱情邀請她和朋友品

嘗新研發的咖啡，並徵詢她們的意見，衷心希望像這樣有熱忱的店能永續經營，而且不要失去信念。

尚街Loft是由巨大的廢棄廠房改建，一長排的建築很是壯觀，也是最近才興建卻火速竄紅的創意園區。「時尚工坊」則是尚街Loft以未來主題，企圖把過去生產紡織品的廠房，營造為創意、時尚、概念具體化的新據點，也為時尚設計師提供一個工作、交流、展示的場所。園區內有許多的商家、設計師、餐廳紛紛進駐，這裡有家道地上海菜餐廳——新苑私房菜，有些菜色還得提前預約才吃得到。

喜歡藝術的人可別錯過創意園區！

Info

★四行倉庫
地址：光復路1號
★靜安設計中心Seesaw Café
地址：愚園路433弄8號
★尚街Loft
地址：嘉善路508號（近建國西路）

上海建築文化

　　石庫門建築是從江南院落和英國傳統排屋融合演變出來的上海建築風格，也是19世紀初因應上海的城市化和人口快速增長所衍生出來的建築樣式，在外觀上呈現傳統的烏漆大門外邊圍著巴洛克式裝飾。據資料顯示黃浦區是石庫門里弄建築最早出現的

門楣
（有時是矩形，
弧形或三角形）

門楣橫批
（為吉祥道德等文字）

石框門料

木門
（多黑色）

吉祥如意

福源里

60弄

地區。一般石庫門，住宅的正門都由石材框配上黑色木門，而這顯著的特徵則是稱為石庫門的緣由。而1930年代前後，因應中產階級需求而出現的新式里弄建築及花園洋房開始大規模興建，使得石庫門建築漸漸被淘汰，甚至淪為貧民區。

　　其實，石庫門建築可說見證了上海半世紀的變遷，而1980年代外資的湧入加速了石庫門建築的拆除重建，而新天地則是把石庫門里弄建築保留，並賦予新生命的成功例子。

　　上海常見的里弄和弄堂都是指成排住宅間的戶外通道，而石庫門里弄則是眾多里弄風格之一。我們常看到的石庫門建築外觀會刻上里坊的名稱，而這些命名通常是取跟祝福和富貴有關的名稱，或是投資興建單位的名稱，如吉祥里、自在里，或是四明銀行投資興建的四明村。

　　新式里弄則是舊式石庫門住宅的改良版，因應當時中上階層的需求而衍生的建築型態，上海最早出現的新式里弄住宅是1920時由中國營造公司建造的亞爾培坊（今陝

老虎窗

外牆
（材質為石灰、
水泥、青磚、紅磚）

老區常有的修鞋攤！

轉轉上海
Shanghai strolling
195

西南路582弄）。抗日戰爭期間，隨著租界人口增加，新式里弄型態建築也越來越多，而解放後，這些建築大多保存下來，不似石庫門幾乎都遭拆除的命運。

　　新式里弄以鐵柵欄門代替石庫門，為獲得更良好的日照與通風，特地將圍牆高度降低或用矮柵欄代替，於是封閉的天井成了小花園，建築空間也不像石庫門建築的封閉，轉而成為開放式空間，並以西洋裝飾為主，其實新式里弄住宅反映出城市中產階級對居住環境和文化地位都有更高的需求。

Info
★涌泉坊
地址：愚園路395弄
★尚賢坊
地址：淮海中路358弄
★漁陽里
地址：淮海中路567弄6號
★步高里
地址：陝西南路287-293弄，建國西路179弄

第六步　你也許不知道的上海

上海各國租界

　　說起中國歷史Emma應該比我清楚，畢竟她是文組的高材生，所以參考她的知識上個簡單歷史課。

　　提起上海租界，一般較為人熟知的多是花園洋房與梧桐樹林立的法租界，其實在當時最先在上海設租界的不是法國，而是英國。

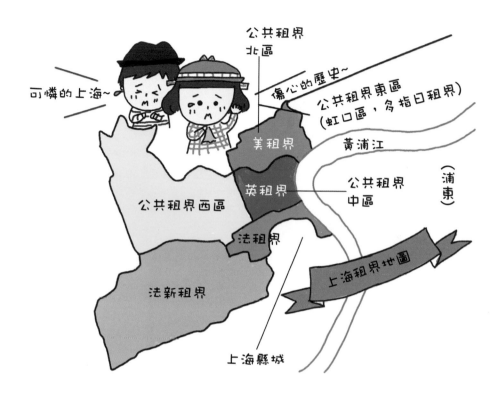

可憐的上海~

傷心的歷史~

公共租界
北區

公共租界東區
(虹口區,多指日租界)

美租界

黃浦江

公共租界西區

英租界

公共租界
中區

(浦東)

法租界

上海租界地圖

法新租界

上海縣城

　　鴉片戰爭後,英帝國強迫滿清政府簽下史上第一個不平等條約,就是《南京條約》,所以上海被闢為通商港口,於是許多國家紛紛入駐上海,外國資本的大量輸入破壞了上海的傳統手工業,但同時也引進了科技產業,促進了上海的發展,果真是禍福相倚。

　　1845年11月29日,清政府與英國領事共同頒布了《上海租地章程》,於是上海第一個租界出現,也是中國的第一個租界,之後,美法租界也相繼開闢;直到1943年8月,歷時近百年的上海公共租界才宣告結束。

　　英租界是當時整個上海灘最大、也最發達的區域。若以現在的分區來看,黃浦區、外灘至人民廣場一帶屬於以前的公共租界,虹口區為日租界,盧灣區及徐匯區則為法租界。其中盧灣區及徐匯區過去是上海郊區,在法租界時期蓋了許多花園洋房,並大量種植法國梧桐樹,現在反倒是上海最美的地區。

　　雖然這是段令人傷心的過往，也讓我們每次讀到近代歷史時心中總是百感交集，但不可否認中國也從外族統治的租界時期中更深入瞭解西方文化，並進一步學習改變，只是戰爭永遠是歷史最慘痛的一頁，受苦受難的多半是平民百姓，希望大家更加珍惜和平知足的生活。

何謂越界築路？

　　越界築路是租界擴充的另一種方式，顧名思義就是在自己的租界外修築道路，最初是在1860年代，為了要抵禦太平軍的攻擊，所以修築了幾條軍路，之後漸漸越來越多越界築路的現象。

法國梧桐樹的由來

法國梧桐樹可不是法國來的喔！這個訊息是搭車的司機告訴我們的，只是因為當初這些樹幹白皙的樹都種植在法租界區，所以大家才稱它們為法國梧桐樹。

如果要列舉幾項可以代表上海的事物，法國梧桐樹及外灘都可以名列前茅，特別是走在浦西的街道上，幾乎隨處都可看到整排的梧桐樹，夏天時綠意盎然，別有風情。像Emma最愛的思南路，兩旁就種滿了法國梧桐樹，上海市花是白玉蘭花，可是如果是選市樹，我想就非法國梧桐莫屬了。

上海睡衣文化

　　台灣人穿著睡衣外出，已是上個世紀才有的景象吧！然而在上海，卻三不五時就會看到有人穿著睡衣逛大街、逛超市，我們驚訝得目瞪口呆，可是他們可逛得悠然自得！

　　有時是夫妻穿著整套睡衣，腳上卻穿著皮鞋，太太手上還拎著小包包，有時還會看見穿著半透明薄紗睡衣的女子逛家樂福，也許有人覺得是福利，可也要看是誰穿吧！Emma說，根據她居住上海多時的心得，只能說在十里洋場，許多事都見怪不怪了！

　　有位美國著名攝影師在他關於上海的書中，放了一系列上海人穿睡衣的照片，拍得真的相當好，他稱上海的睡衣文化是一種「正在快速消失的風格」！而且引起廣大的迴響與支持。

　　不過上海人喜歡穿睡衣出門並非因為他們沒學過公民與道德，只是早期的上海一般民眾並不富裕，買得起睡衣的人通常家境不錯，所以當他們難得買了睡衣，就會想穿著上街昭告天下，所以在那個年代的上海，可以穿著睡衣出門就代表有錢，只是過了幾十年，雖然上海的生活水準越來越高，但這樣的習慣卻一時也改不了。之前上海市政府為了世博推出「睡衣睡褲不出門，爭做文明世博人」的口號，想要廢除此一陋習，可是評價兩極，其實如果對社會無害，也沒有不雅行為，愛穿什麼逛街其實是個人的自由。

喔！

新潮流!?

《良友》畫報

　　《良友》畫報是什麼？相信只要看到代表《良友》畫報的封面時，多數人都會有印象說：「這就是《良友》畫報！」

　　《良友》畫報1926年2月創刊，當時一出刊就銷售一空，總共銷售了七千冊，在當時這可是相當亮眼的成績，而第一期的封面女郎就是日後的電影明星胡蝶，也是開中國刊物以名媛為封面人物的先河，而且採用最先進的印刷技術，讓刊物更美觀。

　　除了時尚流行，《良友》畫報也可說是百科型的刊物，內容從社會發展、國際局勢，甚至文化藝術等都有涉獵，當時曾有評論說：「《良友》一冊在手，學者專家不覺淺薄，村夫婦孺也不嫌高深。」可見《良友》畫報的讀者群之廣泛。其實除了上海，在世界各地的華人聚集地，都有《良友》畫報的蹤跡。

　　不過命運坎坷的《良友》畫報，曾被日軍查封，後來復刊卻因股東意見分歧而停刊，甚至創辦人在香港復刊又停刊。1984年再度復刊時已經失去往日的輝煌了，但當年的風光應該會永遠留在老上海的記憶裡。

老上海畫報中的雙妹是男模特兒

　　很多人對這張畫報應該有點熟悉，其實畫中的雙妹是男兒身，只是因為當時女模特兒難找，所以就找了兩個長相清秀的男生打扮成女生，一扮就扮了這麼多年。而雙妹就是上海家化的前身，也就是小時候常見的明星花露水，2010年這個老品牌聘請了台灣蔣友柏領軍的橙果設計為「雙妹」賦予新的元素，成為上海本土的高價化妝品牌。

雙妹畫報

海派相親，人民廣場的相親角

老實說，沒聽Emma提起還真不知道上海人民廣場有個相親角，而Emma怎麼會知道，則是她上海朋友A告訴她的，其實Emma之所以那麼適應上海的生活，還真要感謝她那些上海的朋友，每次看到她和朋友間的互動，我就會想原來「在家靠父母，出外靠朋友」是真的，她很幸運有一群好朋友。

相親角海派相親
非常海派！

人民廣場的相親角並沒有特別的標示，然而一到公園，你馬上就知道目的地在哪裡，密密麻麻的人群和貼得密密麻麻的相親告示牆，大家都聚精會神的看著名單，真的好像以前聯考放榜，而這個就是有名的婚姻市場，正現場直播的海派相親節目。

　　一般來說，相親角大多在周末時舉辦，說是舉辦其實也沒有主辦單位，總之時間一到，家中有適婚年齡子女的父母們就會有默契地聚在一起，藉著各式各樣的推薦方式，使出混身解數來推銷自己的子女。

　　雖說中國的男生比女生多，但是在這裡，男生反而比較值錢，如果想張貼個人介紹到牆上，男生免費，女生則要收10人民幣。Emma說她第一次和美女朋友去逛時，還有人追問她朋友要不要也介紹一下，相當有趣。

　　其實相親角最初是許多父母到公園來運動散步，休息時就閒聊起尚未婚嫁的子女，談得投緣就彼此交換了子女的聯絡方式，自己充當媒人介紹雙方認識，久而久之竟成了今天的規模，如今還有婚姻仲介駐守此地。不過聽說成功率其實也不高，除了為上海青年男女另闢一條友誼之路，就當是老人家的休閒活動吧！

Info

★人民廣場相親角
交通：搭乘地鐵1、2、8號線，人民廣場9號出口
時間：熱門時段周末中午至下午

Emma 上海日記隨筆

①

走在鬧區的街上……

②

搭車的路上，明明前面有狀況，大家還是拚命按喇叭！

吐痰炸彈就這麼襲擊而來～
幸好這次沒中彈！

我問：
你覺得這樣按，就可以前進嗎？

司機說：
多多少少！
（一面講一面按～）

後來對於吐痰前兆的清喉嚨聲，就非常警覺！

③

剛到上海時，朋友都說淘寶網！
淘寶真的那麼神奇~？

④

搬到上海時，覺得很舒服！
因為是10月初！

某天失眠的夜，讓我體會淘寶
的魅力~就此淘~淘~淘~

沒多久，就被寒冬加靜電
打敗(痛~)

快遞快來~
期待我的禮物包裹！

所以只好對不起北極熊、企鵝，
讓我享受一下暖烘烘的寒冬~

上海旅遊錦囊

關於上海

有東方巴黎之稱，簡稱滬，別稱申，全市面積6,340.5平方公里，其中市區面積2,057平方公里，境內的崇明島，面積1,041平方公里，是中國第三大島。一年當中最適合旅遊的季節分別是5、6月與9、10月。

出入境

在台辦理

有效期5年，每次入境要辦理單次出入境加簽，若是經常往返，可辦理兩年多次出入境簽證（原一年多次，現改為兩年），但需要準備一些文件及銀行證明，方可申請多次出入境簽證。可請旅行社代辦。

項目	準備文件	工作日
辦台胞證新證	1)6 個月以上效期護照影本 2) 身分證影本（正、反） 3)2 吋彩色白底近照 1 張 4) 如有舊證須繳回	新辦 7 ～ 10 天（約 1,800 台幣） 新辦急件 3 天（約 2,800 台幣） 新辦特急件 1 天（約 3,500 台幣） 價格可能有所更動。
台胞證加簽 （效期三個月）	附上有效的台胞證正本	加簽 4 ～ 6 天（約 700 台幣） 加簽急件 3 天 價格可能有所更動。

在上海辦理

除了在台辦理，可在上海浦東、虹橋機場，國際到達口岸簽證處辦理，有效期為3個月；浦東機場目前已有自助辦理簽證機，相當方便！

項目	準備文件	工作日
辦台胞證新證	1)3 個月以上效期的護照正本 2) 身分證正本 3)2 吋彩色白底近照 2 張 4) 台灣居民口岸簽證申請表	台胞證新辦 150 RMB （機場旁有提供快照機器，費用 20 RMB） 價格可能有所更動。
台胞證加簽	1) 護照正本 2)6 個月以上有效期的台胞證正本 3) 身分證正本 4)2 吋彩色照片 1 張 5) 台灣居民口岸簽證申請表	台胞證加簽 100 RMB

在港澳辦理加簽

中國旅行社辦理，可多付50港幣選擇急件；或是轉機進中國的話，可在香港機場（中國旅行社櫃台）或澳門機場（入境大廳西側）辦理加簽。

上海市出入境管理局電子政務平台，網址：180.168.211.10/eemis_tydic

上海交通
機場往返

☆浦東機場往返

1)磁浮列車（龍陽路站及浦東機場站）　www.smtdc.com/zw

東起浦東機場，西至2號線龍陽地鐵站，約30公里，最快時速430公里，8分鐘到達機場，不過平時多在時速300公里左右。

機場發車6:51～21:51，龍陽站發車6:40～21:40，發車間隔約20分鐘一班。

種類	單程	來回
普通票價	單程 50 RMB	來回（7 日內有效）80 RMB，憑當日機票可享八折優惠
貴賓票價	單程 100 RMB	來回（7 日內有效）160 RMB
上海交通卡	普通票價八折優惠	

2)出租車

有排班計程車，不過有時會遇到短程就碎碎念的司機，所以一般我都會事先打電話租熟識的計程車，司機都可到入境大廳接機，無需等候。

3)地鐵

地鐵2號線，不過搭乘時間長，但是票價相對節省。

4)機場巴士

機場有許多機場巴士到市區，像是機場1線（直達虹橋機場2號航站樓）、機場2線（可到浦西靜安寺）等，這些巴士時刻表都可上網查詢，或是在機場入境大廳處，也有許多供遊客拿取的旅遊資訊，建議善加利用。

☆虹橋機場往返

1)出租車

2)地鐵：搭乘10號線到虹橋機場1號航站樓，2號線到虹橋機場2號航站樓。

3)機場巴士：機場1線或夜宵線都可以往返浦東國際機場。

市區交通

1)地鐵

對遊客來說，是最方便的交通工具，不過最好多自備零錢或辦張交通卡，除了搭地鐵，計程車也可以用交通卡付費，不過根據許多居住這裡的老前輩提醒，使用交通卡付計程車費時，最好小心司機換卡或扣錯金額。

上海地鐵網站　www.shmetro.com

2)計程車

在中國叫做出租車，司機多稱師傅，建議搭車前，最好先搜尋地圖，避免遇到不識路或繞路，上海車行相當多，主要有三大車行，分別是強生、大眾與錦江出租，目前起步價是14 RMB（含3公里車程內）。

搭乘計程車有兩大原則，一是盡量不要選擇排班計程車，有些會拒載短途，有些則會沿途碎碎念或繞遠路；二是盡量挑選大車行，如強生、錦江、大眾、海博等，遇到師傅服務差時可投訴，但須有車號、發票等資料（一般車上都會註明投訴方式）。

3)巴士

在中國稱為公交車,雖然許多當地人都告訴我搭乘巴士很便利,不過如果不熟悉路況,還是不建議搭乘,因為有時車上有扒手,而且下站地點較不明確。

4)渡輪

有公交渡輪與觀光渡輪,主要往返浦東與浦西之間。

上海渡輪網站　www.shanghaiferry.com

也可以參加當地的一日遊行程,可以到上海市旅遊咨詢服務中心或上海旅遊集散中心詢問,這些都是可以善加利用的觀光資源。

上海旅遊服務中心　www.shanghaitour.com

上海旅遊集散中心　www.chinassbc.com

上海都市旅遊卡　ldxm.v228.10000net.cn/sctcd/news.html

貨幣

中國使用的貨幣是人民幣,目前最大面額是100元,所以如果需要提領較大筆金額,可能會覺得一大疊錢很麻煩,另外有50、20、10、5、1元紙鈔,可以多準備一些小鈔比較方便使用,但也要注意別拿到假鈔喔!若需要在機場辦加簽,最好先準備剛好的金額。

實用工具與app

在上海,其實有許多小幫手,像是訂餐服務、天氣查詢等,都相當方便,如果有智慧型手機,有些還提供app下載。

1)訂餐小祕書

有app、也有網站,可透過電話或網路免費幫忙訂餐。

www.xiaomishu.com/citylist

2)上海沃會

沃會畫報網站,介紹許多上海景點餐廳及活動,有時還會和餐廳搭配優惠。

www.shanghaiwow.com/wowmag

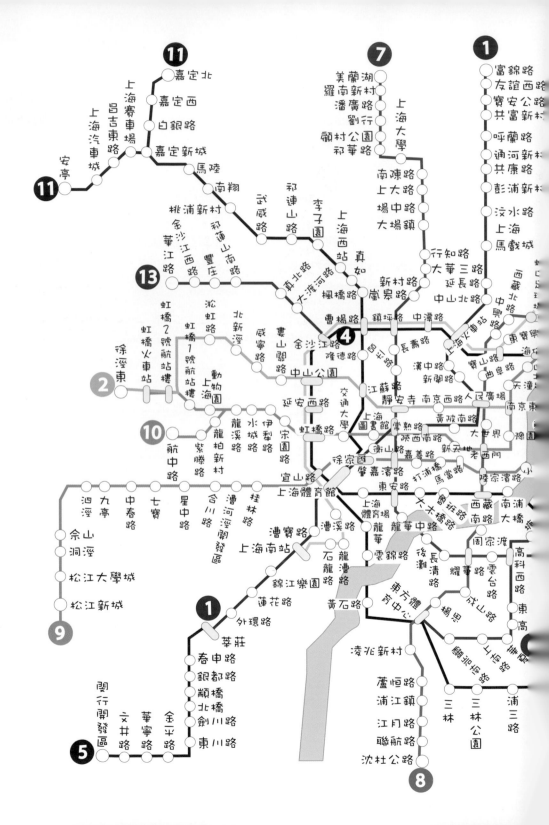

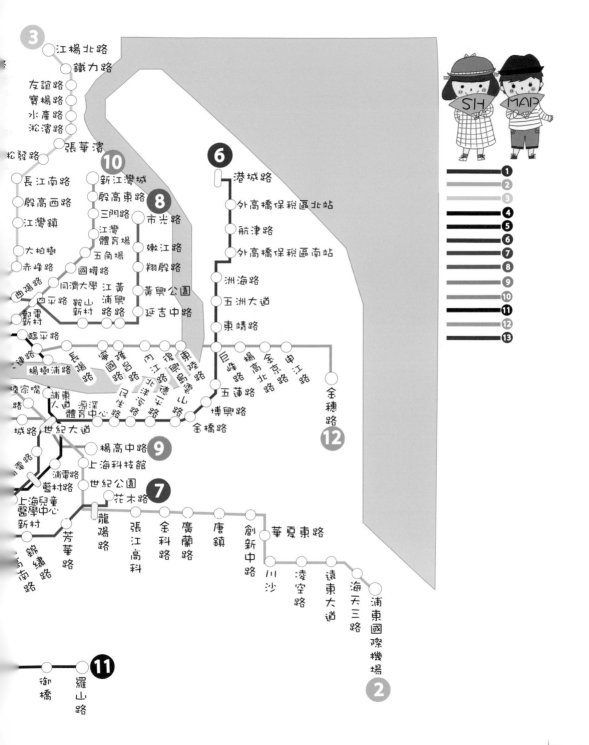

3）Enjoy Shanghai Card

如果長住上海又喜歡嘗試不同餐館，建議可以申辦一張會員卡，附有一本會員優惠券，使用範圍包含餐廳美容等。

VIP.enjoyshanghai.com

4）大眾點評網（著名的餐廳點評網）

www.dianping.com/shanghai

5）中國天氣通

這個app會詳細說明天氣狀況，是外出旅遊的好幫手。

3g.weather.com.cn

6）百度地圖

除了可以用來搜尋目的地，還可顯示到達的路徑。

map.baidu.com/?newmap

電壓

220 V，插座有圓形二孔及扁形三孔兩款。

電話

打電話回台灣時，記得先加上國碼886，舉例如果要撥到台北12345678，就是撥886-2-12345678；如果是撥打手機0912345678，則是886-912345678。

省錢撇步

碰到某些節日，像是國際博物館日、文化遺產日等，有些地方會有門票半價或優惠，所以參觀前可以上網查一下。

附錄

>Follow us Shanghai

旅遊實用電話

☆報警　110
☆火警　119
☆救護　120
☆市內電話查詢　114
☆國際電話查詢　106
☆天氣預報　12121
☆消費投訴　12315
☆旅遊投訴　6439-3615
☆虹橋機場航班查詢　5260-4620
☆浦東機場航班查詢　9628-1388
☆鐵路上海站查詢　6317-9090

各區景點餐廳

● 第一步 ●

・外灘・

★外灘天文台
地址：黃浦區中山東二路1號甲

★Yawaragi on the Bund
地址：黃浦區中山東二路22號3樓301
電話：021-6301-5919

★茉莉酒吧
地址：和平飯店1樓
電話：021-6321-6888

★外灘觀光隧道
地址：浦東緊鄰東方明珠，浦西在中山東一路300號，
　　　陳毅廣場附近

・外灘後・

★外灘源33
地址：黃浦區中山東一路33號

★外灘源美術館
地址：黃浦區虎丘路20號

★慧公館外灘店
地址：黃浦區圓明園路97號安培大樓3-4樓
電話：400-820-2028

★厲家菜
地址：黃浦區中山東一路500號黃浦公園1樓
電話：021-5308-8071

★上海大廈
地址：虹口區北蘇州路20號

★上海郵政博物館
地址：虹口區北蘇州路250號

・遇見國父，上海・

★孫中山故居
地址：香山路7號

★古董花園
地址：香山路44號甲

★宋慶齡故居
地址：淮海中路1843號

★張學良故居
地址：皋蘭路1號

★周恩來故居
地址：思南路73號

★梅蘭芳故居
地址：思南路88號

★8號橋創意園區
地址：建國中路8-10號

★重慶公寓
地址：重慶南路185號

★黑石公寓
地址：復興中路1331號

★克萊門公寓
地址：復興中路1363號

· 宋氏王朝，上海 ·

★Sasha's薩莎西餐廳
地址：東平路11號
電話：021-6474-6628

★愛廬
地址：東平路9號

★ZEN 鉦藝廊
地址：東平路店 東平路7號
電話：021-6437-7390
地址：岳陽路店 岳陽路18號
電話：021-5466-5690
地址：新天地店 興業路118號
電話：021-5382－2070

★simply life
地址：東平路9號

★滴水洞
地址：東平路5號B座
電話：021-6415-9448

★La Créperie
地址：桃江路1號
電話：021-5465-9055

★宋子文岳陽路故居
地址：岳陽路145號

★Greek Taverna
地址：岳陽路1號
電話：021-6431-7751

★仙炙軒（白公館）
地址：汾陽路150號

★上海工藝美術博物館
地址：汾陽路79號（近太原路）

★汾陽花園酒店
地址：汾陽路45號

★和平官邸
地址：汾陽路158號、東平路16號

★蔣經國舊居逸村2號
地址：淮海中路1610弄

· 都市中的童話屋，馬勒別墅 ·

★馬勒別墅
地址：陝西南路30號

★上海展覽中心
地址：延安中路1000號

★Le Bistro du Dr. Wine
地址：富民路177號
電話：021-5403-5717

★茶米家
地址：富民路201號
電話：021-5404-3842

★保羅酒家
地址：富民路271號
電話：021-5403-7239

★毛太設計
地址：富民路207號

★棟樑
地址：富民路184號

★渡口書店
地址：巨鹿路828號

★窩
地址：巨鹿路786弄66號1樓
電話：021-5212-3950（熱門，最好事先預約）

★中國藍印花布館
地址：長樂路637弄24號

· 邂逅，張愛玲 ·

★常德公寓
地址：常德路195號

★劉長勝故居
地址：愚園路81號

★百樂門
地址：愚園路218號

★涌泉坊
地址：愚園路395弄4-24號

★汪精衛舊居（長寧少年宮）
地址：愚園路1136弄31號

★開納公寓
地址：武定西路1375號

★上海愛樂
地址：武定西路1498號

★汪精衛特工總部（上海逸夫職業技術學校）
地址：萬航渡路435號

★卡爾登公寓
地址：黃河路65號

· 李鴻章，金屋藏香 ·

★丁香花園
地址：華山路849~879號

★上海戲劇學院
地址：華山路630號

★枕流公寓
地址：華山路699～731號

★唐紹儀故居
地址：武康路40弄1號

★巴金故居
地址：武康路113號

★黃興故居
地址：武康路393號

★老房子藝術中心
地址：武康路393號甲

★Catie La
地址：武康路105號

★武康庭
地址：武康路376號

★密丹公寓
地址：武康路115號

★開普敦公寓
地址：武康路240~246號

★武康大樓
地址：淮海中路1842～1858號

★復興西里Ginger Café
地址：復興西路299弄1號
電話：021-6433-9437

★Settebello
地址：安福路193號
電話：021-3356-2587

★小花咖啡館
地址：安福路25號
電話：021-5403-8247

★老吉士
地址：天平路41號
電話：021-6282-9260

★ZN Silver Maker
地址：天平路45號

★HandSHOP
地址：天平路124號

★Miao鳥Club
地址：天平路91弄34號（近康平路）
電話：021-6280-7412

★小小花園
地址：康平路220號（天平路與華山路間）
電話：021-5258-2058

★五觀堂素食館
地址：新華路349號
電話：021-6281-3695

★新華別墅（外國弄堂）
地址：新華路211弄與329弄

★上海外灘花園酒店
地址：新華路179號

· 上海皇帝傳奇，杜月笙公館 ·

★慧公館(瑞金二路店)
地址：巨鹿路168號
電話：400-820-2028

★十面埋伏
地址：長樂路352號

★大公館
地址：東湖路7號

★東湖賓館
地址：東湖路70號

★聖母大教堂（東正教堂）
地址：新樂路55號

★首席公館
地址：新樂路82號

★笙館（杜月笙小公館）
地址：紹興路54號

★老洋房花園飯店
地址：紹興路27號

· 窺探文人生活 ·

★徐志摩與陸小曼舊居
地址：南昌路136弄11號

★老漁陽里（陳獨秀故居，銘德里）
地址：南昌路100弄

★孫中山南昌路舊居
地址：南昌路63號

★雕刻時光咖啡館
地址：南昌路116號

★NUEVO 66 café
地址：南昌路66號巷內
時間：13:30～22:30（周二休）

★魯迅故居
地址：山陰路大陸新村9號

★魯迅紀念館
地址：甜愛路200號

★孔祥熙公館
地址：多倫路250號

★白崇禧公館
地址：多倫路210號

★景雲里
地址：多倫路135弄

★老電影咖啡館
地址：多倫路123號

★名人茶藝館
地址：多倫路90號

★鴻德堂
地址：多倫路59號

★薛公館
地址：多倫路66號

・徐光啟與徐家匯・

★徐匯中學（徐匯公學）
地址：虹橋路68號

★徐家匯藏書樓
地址：漕溪北路80號
時間：周一至六09:00～16:30，免費參觀門廳及展廳

★徐家匯天主堂
地址：蒲西路158號
時間：周一至六09:00～11:00，13:00～16:00
備註：注意穿著規定

★光啟公園
地址：南丹路17號

★上海老站
地址：漕溪北路201號
電話：021-6427-2233

● 第二步 ●

★環球金融中心
地址：世紀大道100號

★金茂大廈
地址：世紀大道88號

★IFC
地址：世紀大道8號

★正大廣場
地址：陸家嘴西路168號

★吳昌碩紀念館
地址：陸家嘴綠地

★上海海洋水族館
地址：陸家嘴環路1388號

★陸家嘴旅遊觀光環線
地址：東昌路渡口

★世博園區
地址：上南路與雪野路

★一陽軒
地址：高科西路551號6樓（近雲蓮路）
電話：021-5880-1858

★北蔡上海農產品批發市場
地址：滬南路2000號

★龍華寺
地址：龍華路2853號（近龍華西路）

★上海國際會議中心
地址：濱江路2727號

● 第三步 ●

★新天地
網址：www.xintiandi.com/xintiandi/cn

★東台路古貨市場
地址：東台路與自忠路口

★IWAS
地址：淡水路203號

・田子坊・

★TIANZI FANG
地址：泰康路248弄49-2號

★氣味圖書館
地址：泰康路274弄16號(靠近瑞金二路方向)

★喜空
地址：泰康路274弄15號後門

★Chouchou Chic（雅童小鋪）
地址：泰康路248弄47號

★東囍
地址：泰康路248弄11號

★興穆手工
地址：泰康路258弄34號鋪

★esydragon
地址：泰康路248弄51號102室

★天空音樂盒
地址：泰康路248弄35號後門

★守白藝術
地址：泰康路210弄4號-2

★公社咖啡
地址：泰康路210弄7號（靠近瑞金二路）
電話：021-6466-2416
時間：08:00~00:00

★丹
地址：泰康路248弄41號後門
電話：021-6466-1042
時間：10:00～00:00

★寶珠奶酪
地址：泰康路248弄31號後門
時間：10:00～22:00
備註：cash only

★琉璃工房博物館
地址：泰康路25號

★日月光中心
地址：徐家匯路618號

★Black Magic Chocolate
地址：日月光中心廣場1樓F07鋪

★靜安別墅
地址：南京西路1025弄

★董家大宅
地址：陝西北路414號

★猶太住宅
地址：陝西北路430號

★何東舊宅
地址：陝西北路457號

★阮玲玉故居
地址：新閘路1124弄9號

★嘉善老市
地址：陝西南路550弄

★宋芳茶館
地址：永嘉路227號甲（近陝西南路）
電話：021-6433-8283

★蘭心大戲院
地址：茂名南路57號（近長樂路）

★南外灘面料市場
地址：陸家濱路399號

★老碼頭
地址：中山南路505號

★老碼頭陽光海灘
地址：外馬路421號

★虹橋花鳥市場
地址：虹井路500號（近延安西路）

★浦東雙季花市
地址：浦建路620號

★萬商花鳥市場
地址：西藏南路417號

● 第四步 ●
· 餐廳篇 ·

★椰香天堂
地址：富民路38號（近延安中路）

★花馬天堂
地址：高郵路38號

★夏朵花園
地址：復興西路268號（近華山路）

★仙炙軒
地址：汾陽路150號（近桃江路）

★Greek Taverna
地址：岳陽路1號

★上海老站
地址：漕溪北路45號

★巨鹿路889號別墅群
地址：巨鹿路889號

★福1039
地址：愚園路1039號（近江蘇路）

★SHARI
地址：永嘉路630號（近烏魯木齊南路）

· 咖啡館篇 ·

★aroom
地址：泰安路120弄衛樂園15號（近華山路）
電話：021-5213-0360

★ZEN Café
地址：東平路7-1號
電話：021-6437-7390

★Manne Et Sante
地址：紹興路96號甲
電話：021-5465-6297
時間：07:00～21:30（07:00是麵包店開門時間）

★老麥咖啡館（The Cottage）
地址：桃江路25號甲
電話：021-6466-0753
時間：11:00～23:00

★小茉莉（Petite Jasmine）
地址：武康路214號（靠近湖南路）
電話：021-6403-8550
時間：10:00～22:00

★Citizen Café & Bar
地址：進賢路222號（靠近陝西南路）
電話：021-6258 1620
時間：11:00～00:30

★水稻咖啡（Café Paddy）
地址：永嘉路394號（靠近太原路）
電話：021-6466-8608
時間：11:00～00:30

★Here Café
地址：陝西南路39弄27號
電話：021-5305-1110

● 第五步 ●

★小紹興
地址：雲南南路69-75號

★德大西餐社
地址：雲南南路2號

★佳家湯包（黃河路店）
地址：黃河路90號

★小楊生煎（黃河路店）
地址：黃河路97號1-3樓

★味香齋
地址：雁蕩路14號

★鮮得來（雁蕩店）
地址：雁蕩路9號

★豐裕（瑞金一路店）
地址：瑞金一路142號旁

★街邊小吃
地址：虹口區霍山路203號

★紅寶石（吳江店）
地址：吳江路198號

★凱司令（南京西路店）
地址：南京西路1001號

★靜安麵包房（華山總店）
地址：華山路370號

★PONY（日月光店）
地址：徐家匯路618好日月光中心廣場B2樓A-06

★國泰電影院
地址：淮海中路870號

★美琪大戲院
地址：江寧路66號

★大光明戲院
地址：南京西路216號

★四行倉庫
地址：光復路1號

★靜安設計中心Seesaw café
地址：愚園路433弄8號

★尚街Loft
地址：嘉善路508號（近建國西路）

★涌泉坊
地址：愚園路395弄

★尚賢坊
地址：淮海中路358弄

★漁陽里
地址：淮海中路567弄6號

★步高里
地址：陝西南路287-293弄，建國西路179弄

★人民廣場相親角
交通：搭乘地鐵1、2、8號線，人民廣場9號出口
時間：熱門時段周末中午至下午

國家圖書館出版品預行編目資料

轉轉上海／林芳年、林依穎 圖文・攝影.--初版.
-- 臺北市：華成圖書, 2013.5
面； 公分. --（自主行系列；B6140）

ISBN 978-986-192-177-8（平裝）

1. 旅遊 2. 上海市

672. 096   102005064

自主行系列　B6140

轉轉上海

作　　者／林芳年、林依穎

出版發行／華杏出版機構
　　　　　華成圖書出版股份有限公司
　　　　　www.farreaching.com.tw
　　　　　台北市10059新生南路一段50-2號7樓
　　　　　戶　　名　華成圖書出版股份有限公司
　　　　　郵政劃撥　19590886
　　　　　e-mail　huacheng@farseeing.com.tw
　　　　　電　　話　02 23921167
　　　　　傳　　真　02 23225455
　　　　　華杏網址　www.farseeing.com.tw
　　　　　e-mail　fars@ms6.hinet.net
　　　　　華成創辦人　　郭麗群
　　　　　發 行 人　　蕭聿雯
　　　　　總 經 理　　熊芸
　　　　　法律顧問　　蕭雄淋・陳淑貞

　　　　　總 編 輯　　周慧琍
　　　　　企劃主編　　李清課
　　　　　企劃編輯　　林逸叡
　　　　　執行編輯　　張靜怡
　　　　　美術設計　　謝昕慈
　　　　　印務主任　　蔡佩欣

定　　價／以封底定價為準
出版印刷／2013年5月初版1刷

總 經 銷／知己圖書股份有限公司
　　　　　台中市工業區30路1號　　電話　04-23595819　　傳真　04-23597123

版權所有　翻印必究 Printed in Taiwan　　◆本書如有缺頁、破損或裝訂錯誤，請寄回總經銷更換◆

☺讀者回函卡

謝謝您購買此書,為了加強對讀者的服務,請詳細填寫本回函卡,寄回給我們(免貼郵票)或
E-mail至huacheng@farseeing.com.tw給予建議,您即可不定期收到本公司的出版訊息!

您所購買的書名/_____　　購買書店名/_____

您的姓名/_____　　聯絡電話/_____

您的性別/□男 □女　　您的生日/西元_____年____月____日

您的通訊地址/□□□□□_____

您的電子郵件信箱/_____

您的職業/□學生 □軍公教 □金融 □服務 □資訊 □製造 □自由 □傳播
　　　　　□農漁牧 □家管 □退休 □其他

您的學歷/□國中(含以下) □高中(職) □大學(大專) □研究所(含以上)

您從何處得知本書訊息/(可複選)

□書店 □網路 □報紙 □雜誌 □電視 □廣播 □他人推薦 □其他

您經常的購書習慣/(可複選)

□書店購買 □網路購書 □傳真訂購 □郵政劃撥 □其他_____

您覺得本書價格/□合理 □偏高 □便宜

您對本書的評價(請填代號/ 1. 非常滿意 2. 滿意 3. 尚可 4. 不滿意 5. 非常不滿意)

封面設計_____ 版面編排_____ 書名_____ 內容_____ 文筆_____

您對於讀完本書後感到/□收穫很大 □有點小收穫 □沒有收穫

您會推薦本書給別人嗎/□會 □不會 □不一定

您希望閱讀到什麼類型的書籍/_____

您對本書及我們的建議/

廣 告 回 信
台 北 郵 局 登 記 證
台北廣字第000526號

免 貼 郵 票

華杏出版機構

華成圖書出版股份有限公司　收

台北市10059新生南路一段50-1號4F　TEL/02-23921167

（沿線剪下）

（對折黏貼後，即可直接郵寄）

本公司為求提升品質特別設計這份「讀者回函卡」，懇請惠予意見，幫助我們更上一層樓。感謝您的支持與愛護！

www.farreaching.com.tw　　請將　B6140　「讀者回函卡」寄回或傳真 (02) 2394-9913